計　画　　テスト　　分　析　　練　習

「けテぶれ」授業革命！

子ども自身が学びを進める授業のつくりかた

葛原　祥太

学陽書房

はじめに〜学校の役割とは

　いま学校現場で働く教師の中で「教育はこのままでいいのか？」と悩む先生が増えています。

　何もかも事前に用意されお膳立てされた生活を小学校、中学校、高校と過ごし、大学に守られて遊びまくり、何の根拠もない就活をして、入った会社で指示を待つ。この中で子どもはいつ "大人になる練習" ができるのでしょうか。

　自分で考え、自分で動き、自分で結果を受け止める。できないことは人に頼る、できることは人に与える。私は「大人」とはこういうことができる人のことだと考えています。**そういう大人になる練習は、本来、小学校からするべきことです。**

　まずは 15 分程度の演習時間で、自己選択、自己決定をし、自分が選択した結果を受け取る練習をする。自分でやってみたり、友達を頼ってみたり、教科書を読み返したり、タブレットで検索してみたりと、自分の必要な学びを自己選択し自己決定していく。最後に「やってみた結果どうだったのか」という "選択の結果" を真摯に受け取り、考察し、次の選択に備える。慣れてきたらその時間を 20 分、30 分、45 分と増やしていく。

　こういう経験を学校の授業で毎日、年間で何千回、何万回も繰り返せたらどんな力がつくでしょうか？　その力はいずれ、自分の人生をまるごと選択決定できるようになっていくとは思いませんか。こういう「大人になる練習」を積み上げる。それが小学校という場所であるべきだと思うのです。

　しかし、いまの学校教育はそうなっていません。むしろ正反対に、自分で何も主体的に選択しなくても自動的にプログラムが進んでいくのがいまの教育です。何にもしなくても、いつのまにか卒業している。

何も考えてこなかったのに。何も自ら選択したことがないのに。これは本当にこわいことです。

　就職活動の年齢になっていきなり「自分の強みを生かして、行きたい会社を選ぼう」などと言われても、遅いのです。成人の年齢に達した瞬間いきなり、「自己責任」を押しつけても、その意味を本質的に理解できる子がどれほどいるでしょうか。

**　自分の人生に自分で責任を取れるような練習。それを小学校から、授業時間の 15 分からはじめませんか？　本書はそういう提案です。**

　自己選択・自己決定の繰り返しの中で、子どもたちは「自分自身」に出会い、本当にやりたいことを見つけられるようになります。自分は何が得意で何が苦手か。どんなことが好きで何が嫌いか。それは「自分で選び、自分でやってみる」からこそ、得られる情報なのです。

　反対に、人の指示に従い、周りの空気を読むことでしか自分の行動を決めてこなかった子たちは、周りから押しつけられる「正しさの仮面」に押しつぶされ、どんどん「自分」がわからなくなります。その結果、自分の思いや行動に自信が持てず、自己選択、自己決定を避けるようになり、自身の行動の結果を誰かのせいにすることでしか受け取ることができなくなっていくのです。

　教育のゴールがここであってよいはずがない。自分で考えて、自分でやってみて、自分で結果を受け取り、次の行き先を自分で決めることが楽しい。これは自分が人生の主人公になるためにとても重要な意識だと思うのです。**誰かの意図の中で踊らされるのではなく、自分の意志で歩む。そんな子になってほしい。**

　本書は僕のそんな願いをこめて書きました。もし 1 人でも共感していただけたらこんなにうれしいことはありません。

　　2023 年 2 月

　　　　　　　　　　　　　　　　　　　　　　　　　葛原　祥太

「子どもが自分で考えない」
「学ぶことに取り組まない」
こんなことに悩んでいる先生たちへ。

子どもがワクワクしながら自分の学びに取り組み、
ワイワイと友達の学びに触発されて伸びていく、
そんな授業時間にしませんか？

けテぶれでつくる授業は
まさにそんな時間を
生み出す授業です！

「けテぶれ」は子どもが自分で学びに取り組む方法です。

授業でも、宿題でも、学びに取り組むときに、
自分でノートに下記のことを書いていきます。

け	計画	その日、その時間の「めあて」を書く
テ	テスト	自分でテストをして、自分で丸付けをする
ぶ	分析	間違いを分析し、どうしたらいいか考える
れ	練習	分析で考えたことをやってみる

これを自分でノートに書き込んで学ぶと、
学びがみるみる変わっていきます！

けテぶれに取り組む子どもの学びの様子を、
子どもたちの写真とノートでご紹介しましょう。

子どもたちは けテぶれ で
こんなふうに学んでいます！

▲どこで、誰と、どのように学んでもよい。目標に向かう手段は無限にある。（5年生）

けテぶれノートに
計画・テスト・分析・練習を
書いて学びます！

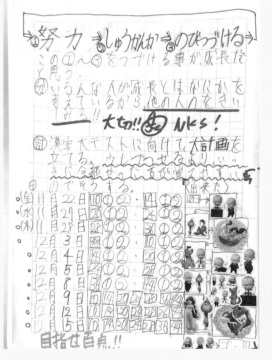

▶漢字の大テストの前には「大計画」を立ててすべての漢字を総復習する。（6年生）

▶授業では「けテぶれシート」を使って自分の学習を分析し、磨き上げる。（6年生）

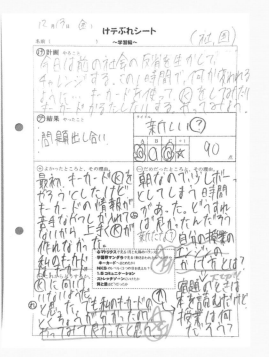

これはけテぶれシート。学習から生活まで学びを書き出すツールです。

▼教室は「先生が授業をする場所」ではない「子どもたちが学ぶ場所」である。（3年生）

この自由な環境を「けテぶれ」という基本的な学び方に関する知識が支える。（3年生）

▲単元を見渡すシートで、徹底的に「現在位置」を把握しながら、自分の学習を調整する。（3年生）

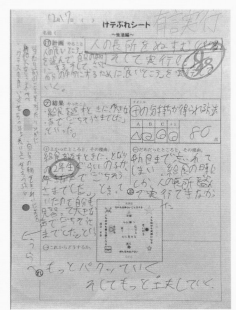
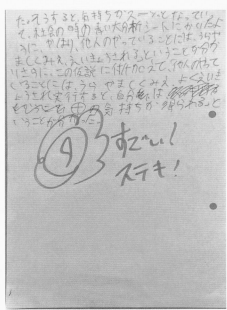

▲日々の生活もけテぶれで自分ごとに (6年生)

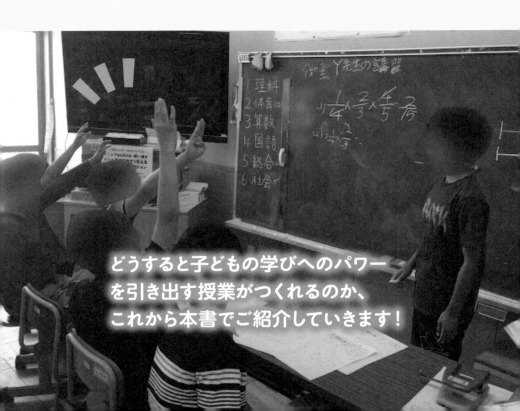

どうすると子どもの学びへのパワー
を引き出す授業がつくれるのか、
これから本書でご紹介していきます！

もくじ

序章 自分の学び方を学ぶ 「けテぶれ」というチャレンジ

第1章

ホップ！

授業をけテぶれ化しよう！

❶ けテぶれ指導で目指すこと

❷ 漢字学習でけテぶれを体験

❸ 漢字学習を自主学習のけテぶれに

❹ けテぶれについて情報提供しよう

ステップ！
第 2 章 算数授業に
けテぶれを導入する

❶ 算数に「けテぶれタイム」を導入する

ジャンプ！

第 3 章　子どもが学びの主体となる

❶ 算数1単元でのけテぶれに挑戦

❷ 子どもの学びを活性化し、深める

序章

自分の学び方を学ぶ「けテぶれ」というチャレンジ

「けテぶれ」を
なぜはじめようと
思ったのか？

☑ なぜ「けテぶれ」をはじめようと思ったのか

　僕がなぜ「けテぶれ」をはじめたのか。それは、自分が着任した小学校で毎日子どもたちに課されている宿題が、子どもたちの学力向上の役に立っているとは到底思えなかったからでした。その割に宿題忘れや、決められたとおりにノートを書かなかったときなど、非常に強い指導がされるのです。

　先輩にその意義を尋ねると「学力向上」と「学習習慣の定着」だと言われます。しかし、「全員に画一的かつ作業的な課題を毎日漫然と出す」というような方法で、本当にその目的に達するでしょうか。

　一口に「学力向上」といっても、子どもたち一人ひとりの学力はそれぞれに違います。現在位置が違う子どもたちに、同一の課題を課しても、全員の学力が向上するはずがないんです。

　さらに悪いことに、子どもが宿題を自分なりに工夫したり、やらなかったりすると叱られます。こんなことを繰り返していれば、当然子どもたちは勉強が嫌いになってしまいます。

　授業も同じです。子どもたちの能力はそれぞれ違うのに、同じ課題を同じように、子どもたちに求めるのはどうなのでしょう？　板書をそのままノートに写させたり、隣に同じように頑張っている友達がいるのに、その友達と話しちゃいけなかったり、挙げ出せばきりがない

ほど学校の学びは苦痛です。教師1年目から僕の頭には大量の疑問と違和感が押し寄せてきてしまいました。

☑ 授業もけテぶれ

　教室は先生が授業をする場所ではなく子どもたちが学習をする場所です。

　そこで、子どもが自分で学びを進められるように、「けテぶれ」を考え出しました。まず、宿題を一律に同じプリントをやらせることをやめて、**子どもが自分で計画し、やってみて丸付けし、結果を分析して練習してみる、この「けテぶれ」のサイクルをまわす、という宿題に変えました。すると、子どもの学びが、自分でどんどん進める学びに激変しました。**

　次に、授業もけテぶれ的に取り組むやり方に変えてみたところ、さらに授業時間が子どもが真剣に学びに取り組むとても濃い時間に変わっていきました。

　そしてこういった学びの中に、「計画、テスト、分析、練習＝"けテぶれ"」という学び方の型があり、それがみんなの「共通言語＝土台」としてあることで、自由な空間がばらけてしまうことなく、質的に学びが高まることもはっきり見えてきたのです。

　子どもたちに学習を任せることに不安を感じられる方も多いと思います。実際に、そんなに甘いものではありません。そこには多くの手立てと深い哲学が必要です。しかしその努力の成果は、子どもたちの輝く学びの姿として現れてきます。

　学びを自己選択・自己決定できる環境でこそ生まれる学びの威力に驚かされるはずです。

「けテぶれ」とは、子どもが自分で学びを計画・実行する方法です

☑ 「けテぶれ」＝「子ども自身が行う基本的な勉強のサイクル」

けテぶれは下の４つをサイクルとしてまわすものです。

け	（計画）	目標に向けて学習計画を立て、
テ	（テスト）	自分の実力を自分で測り、
ぶ	（分析）	実力を上げるためにどうすればいいかを考え、
れ	（練習）	学習を積み重ねる

　子どもにとって「勉強する」ということは実は漠然としているので、ただ「自分で勉強しなさい」と言っても戸惑ってしまう子が多いです。そこで「勉強する」ということを一つひとつのステップに分解することでわかりやすく取り組みやすくなり、"けテぶれ"と名付けることで、子ども同士、勉強方法についての相談もしやすくなります。

☑ 宿題でこのサイクルをまわすと…

（計画）	今日は１ページ、漢字ドリルをやろう。
（テスト）	漢字ドリルに取り組んでみて、丸付けをしてみる。
（分析）	間違えについて、間違えないためにどうするか考える。

（練習）　　自分で考えた方法で漢字を練習したり覚えたりする。

こんなふうに取り組むことになります。

この過程で子どもたちは、ただ「テストで合格点が取れるようになる」だけでなく、自分の強みや弱みを知り、それを強めたり克服したりする方法を考えるようになるので、自分のことを理解できるし、自分で学びを深めたり高めたりできるようになっていくのです。

☑ 授業でも「けテぶれ」

学校での授業にけテぶれを導入する際には、漢字の学習から始めるのがおすすめです。やることは宿題でのけテぶれと同じ。いままで教師が読み方や書き順や用法を詳しく解説していた時間を減らし、けテぶれを合い言葉にした自己学習の時間とするのです。

詳しくは後述しますが、漢字からはじめたけテぶれ的な自己学習の時間を教科学習の時間にも徐々に拡大させていくことによって、本質的に子どもたち主体の学びの場が実現されていきます。

目標達成のためにあらゆる可能性を試しながらみんなで学びを進めようとする雰囲気は、指導者としても何とも心地よく、子どもたちと一緒になって冒険をしている感覚になります。自分が学ぶことについて、先生の指図を待たなくていい、自分で学んでいいのだという自覚が、学びについていろんなやり方を試してみたり、友達のやり方をまねてみたりなど、自分の学びについて自覚的な工夫をする自立的な動きになっています。

そして、**お互いに教え合ったりする動きが当たり前になり、以前よりもクラス全体の人間関係が固定化されなくなる効果もありました。学級経営の側面から見ても、効果は絶大でした。**

その中では「教師や、学校の役割とは」とか、「学びとは、知識とは」といった本質的な問いに直面せざるを得ません。学校教育の意義が問い直されているいま、このような問いに向き合う意義はとても大きいのではないでしょうか。

「けテぶれ」が生む
学びとは?

☑ 学び方を学ぶことができる

　世の中に「効率的な学び方」についての本はあふれかえっています。これはそのニーズの高さを示すと同時に、唯一絶対の勉強方法がないということもまた同時に示しています。

　自分の学び方は自分で見つける必要があります。「学び方を学ぶ」には、科学的な知見を「自分で試すプロセス」が必要です。

　けテぶれはそのプロセスを保証します。けテぶれの「れ(練習)」は、苦手な事柄をよいと思う方法で学習しましょう、という過程です。ここでは大きな自由度が保証されています。子どもたちはこの「れ」において、絵を描いたり、語呂合わせをつくったり、音読をしたりと、さまざまな勉強の方法を試していきます。その中で「自分に合う方法」と出会っていくのです。ちょうど服を選び着心地を試すのと同じです。けテぶれの「れ」ではこれを「学び方」において毎日繰り返します。

☑ 自分をコントロールする方法を学べる

　「自分の力で勉強を進める」ことに挑戦するときに問題になるのは、「自分に合う学び方」だけではありません。そもそもやる気が起きなかったり、継続的に取り組めなかったり、適当にごまかしてしまったり、そもそも勉強をやる、やらないという次元での葛藤や失敗も多く

発生します。一見ネガティブな場面ですが、**こういう場面でこそ生まれる学びもあります。一言でいうと「自分で自分をコントロールする方法」についての学びです。**

　自分はどんなときにやる気を失うのか、逆にどんな環境を整えればやる気が出てくるのか、さぼったときや思いっきり頑張ったときの感情はどうか。こういうことに向き合って考え続けることで、感情や安易な選択が頭に浮かんだとき、それを律してあるべき行動につなげるにはどうすればよいかということを学んでいきます。

　この種の学びが生まれ始めると、次の授業の準備をせず遊びに行ってしまう、掃除をサボってしまう、カッとなりひどいことを言ってしまうなどのすべてが「けテぶれ」の学びの対象になり始めます。

☑ 自分について学ぶことができる

　けテぶれでは、「自分に合う学び方とは」「自分をコントロールする方法とは」と、「自分」と徹底的に向き合い、「自分についての学び」を蓄積していきます。好きなこと嫌いなことは何か、武器は何で弱点は何か。実際に自分が経験したこと、感じたことを振り返り、徐々に確実に、学んでいきます。さらにそれらのスキルを使い、自分はどう生きたいのか、何がやりたいのか、という自分の心が向いている方向を知ることも、「けテぶれ」が確実に生むことができる学びです。

　だからけテぶれを合い言葉に経験する学習は「一生を支える学び」になり得るのです。けテぶれを実践する際には、これほど学びが目の前で生まれていることをぜひ意識していただきたいです。子どもたち一人ひとりが、学習者として、そして一人の社会人として自立していく過程にはこのような学びが必要だと思っています。

　そしてこの種の学びは何も新たな教科や教材を用意することはなく、いまの教育課程や教科書を使った学びの中で実現可能なのです。

　けテぶれがどんな結果を生んでいるのか、次ページから少しご紹介していきます。

けテぶれで自分で考えて 学ぶ子どもたちが育つ!

石津まりこ（静岡県公立小学校教諭）

☑️ 「けテぶれ」への戸惑いを拭い去る 〜まずは自分で丸付けから〜

　私はここ6年、「けテぶれ」の実践を続けてきました。

　最初は宿題を「けテぶれ」でするということから始めた実践ですが、いまは授業の中でも「けテぶれ」を取り入れています。

　具体的に、「けテぶれ」を子どもの学びに取り入れるとき、私は宿題の漢字学習から入っていきます。

　何度かやっているうちにわかってきたことがあります。漢字学習をこういうやり方でやってみようと「けテぶれ」を紹介したとき、いままでの漢字学習とのギャップに戸惑う子どもが必ずいます。

　ノート1ページを正しく視写する作業として捉えている子どもにとって、自分の苦手や間違いに向き合う「けテぶれ」は、抵抗を感じるかもしれません。

　そこで私は、4月に「計画、テスト、分析、練習」のすべてを教えるのではなく、子どもの実態を見て「こんなやり方はどうかな」と投げかけ、子どもの意見も取り入れつつ、少しずつ指導を加えていきました。

　手始めに、「自分で正しく丸付けができるかな」と、学級で丸付けをやってみることからはじめました。「間違えた字を見つけたら、ど

うしたらいい？」と問い、部分の間違いは△印、思い出せなかった字は×印など、正しい字で直すことを教えました。

　次に、定期的に小テストを行いました。小テストの結果を受けて、「どんな勉強の仕方をしたら、自信を持って満点が取れるかな。何か工夫できそう？」と問いかけ、自分の間違いやすい字を分析したり、苦手な字を繰り返し練習したりすることを教えました。

　このように、子どもが納得できるように説明をしながら、段階的に「けテぶれ」を教えていきました。

☑ 共に学ぶ仲間
～宿題交流会で相手意識を持つ～

　段階的に進めていっても、子どもたちから、「けテぶれは、どうやったらよいかわからない」という声が出てくるときがあります。こういう声が出てきたら、「困っている友達のために、みんな、力を貸してくれる？」と呼びかけて、宿題交流会を開催しました。

　宿題交流会は、それぞれがやってきた宿題を子ども同士で見せ合う交流会です。ノートに雑な字を書いている子どもも、「丁寧に書きなさい」と叱られるよりも、「友達に見せるから、きれいに書こう」と自発的にきれいな字を書いて、その字をほめられる方が、次も丁寧に書こうとする意欲につながるでしょう。

　実際、子ども同士が互いに頑張りを認め合うことで創意工夫が生まれ、マンネリ化したときのモチベーション維持ができました。

　宿題交流会は、相手意識を持つことを促してくれます。これによって、宿題が自分と先生だけの閉鎖的なものから、誰にでも公開し、みんなで学び合うオープンなものへと子どもの意識が変わりました。

☑ 作戦を立てて大テストに臨む

　作戦というのは、テスト範囲の問題は何で、いくつあるのかを知って初めて立てられるものです。子どもが、自分の苦手とする漢字に優

先順位をつけ、テストまでの日数を逆算して学習に取り組めるように
なってほしいという思いから、次のように投げかけました。

　「広いテスト範囲を最初から順に覚えようとすると、途中で嫌になっ
て挫折するかもしれないね。ところが、忘れていた字、間違えやすい
字がはっきりしてくると、この字はこう覚えようとか、直前に見直そ
うとか、作戦を考えやすくなるものです。間違えやすい字は人によっ
て違うから、自分の苦手を見つけてごらん」

　しかし、一人で作戦を立てられる子どもばかりではありません。チー
ム対抗戦にしたり、作戦に役立つ情報を共有したりし、お互いの進捗
状況を確認しながら大テストに臨むようにしました。

✅ 知識は、学ぶプロセスの中で 湧き上がってくるもの

　頑張ってたくさん書いているのに、小テストで毎回間違えてしまう
子どもがいました。「1度で覚えられる人もいるけれど、人の何倍も
勉強してやっと覚えられる人もいる。できるまで努力するところが、
あなたのすごいところだよ」「前よりも、間違いが少なくなったね」と、
努力した過程を根気強く励まし、小さな成長を一緒に喜びました。

　また、色やイラストを使って見栄えのよいノートを書いているのに、
漢字の定着につながらない子どもがいました。工夫をほめつつ、「ノー
トづくりが目的になってしまっていないかな」と声をかけ、「こんな
ふうにやってみたらどう？」と過去の他の子どもたちの実践ノートを
見せて、学習の目的を再確認しました。

✅ こだわりの強さこそが「自分スタイル」

　Mさんは、まじめで、自分の思いを文章に書くのが好きな子です。
しかし、言動はそれにふさわしくないほど消極的で、寡黙でした。授
業でも生活面でも影の薄い彼女を何とかしたいと思っていた矢先に、
周りの友達が、Mさんのノートに注目し始めました。「Mさんのけテ

ぶれノートって、いつも楽しんでやっている感じがするね」

　イラストや吹き出しを使い、自分の間違いにツッコミを入れるなど、発想の子どもらしさが友達にウケました。自分の苦手にこだわる、細部へこだわる、しつこく練習するといったMさんの取り組みが人気を集め、周りがMさんのよいところをまねて伸びようとする姿がありました。休み時間には、Mさんは友達とこんな話をよくしていました。「『〜になる』を漢字にすると、成、為、生のどれかな？」「意味を調べたら、どの字がふさわしいのかがわかるかもしれない」

　Mさんは次年度で習う漢字でも、いつ覚えたっていいのだと考えて、どんどん覚えていきました。

　Mさんをきっかけに、驚きや喜び、悔しさや恥ずかしさなどの感情を込めて勉強する子どもの輪が広がっていきました。ものの見方や考え方の部分に目を向けるといった変化が見られ、実行力のある子どもは、徐々に力をつけていきました。そして、自分へのこだわりの強さが、「自分スタイル」として確立していきました。

☑ 子どもの自信と自己肯定感が育つ

　間違えた字に先生が赤をつければ、子どもは、その字を直すだけで済みますが、自分で間違いを見つける力は養われません。漢字ノートを見るときに、「どこに間違いが隠れているかな」「この行に、2つ違う字があるけど、どこだろう？」と、個別に声をかけて見守り続けました。

　4月当初、「先生、これでいいですか」と、一事が万事、やることすべて教師に許可を求めにきた子どもたちが、「どこが違うでしょうか」と私から逆に問い返されて、そこから子どもが自律的に考え始めたことを思い出します。当初は戸惑いもあったでしょうが、1年間を通して根気強く指導を続けることで、徐々に自分で考えて学ぶという子どもたちの自信、自分の努力は尊重されるという自己肯定感を育てられたのだと思います。

けテぶれで自主学習と授業をつなげる！

川井涼太（大阪府公立小学校教諭）

☑ 自主学習だけで終わらせないためにも

　私がけテぶれと出会ったのは教員3年目の年度末。やらせるだけになっていた自主学習を見直し、「目的を持って取り組み、やっていて楽しくなる自主学習」へステップアップしたくて出会った取り組みがけテぶれ学習法でした。今年度で取り組みはもう5年目になります。

　やり始めは大変ではあるし、うまくいかないこともたくさんあります。当然、教師側にも覚悟が必要な取り組みであると思います。

　ただ、私が思うのは、このけテぶれ学習法は、子どもたちの力を確実に伸ばす取り組みであるということです。さらに自分たちで計画を立てて実践し、自分自身を振り返り次につなげるこのけテぶれ学習法は、家庭での自主学習だけではなく、学校の授業と連動し始めることでより効果を発揮します。今回、私が取り組んだ授業実践を、取り組みの過程も踏まえて紹介させていただきます。

☑ まずはテストの分析から

　私が自主学習と授業をつなげるためベースにしている取り組みが、分析シートを活用し、自分のけテぶれでの取り組みと成果を関連付ける活動です。分析シートは①大分析シート（単元テスト用：国算理社）と②漢字分析シート（漢字小テスト用）の2種類を用意しました。自

分のテストの点数を記入して振り返り、メタ認知や自分の取り組みの改善につなげます。子どもたちは、「＋（ポジティブなこと）－（ネガティブなこと）→（次に向けての改善）」の３つの視点を使い、テストや授業、自主学習を振り返ります。

　最初は難しい様子も見られますが、継続することで当たり前化していき、改善へつなげる児童など、徐々に変容も見られるようになっていきます。けテぶれの一番のポイントは分析だと思います。まずは授業とつなげていく第一歩として分析シートを活用する価値は十分にあると思います。

分析シートの例

✅ 体育×けテぶれ（けテぶれ1年目の実践）

　４年生では、３学期の体育でけテぶれを取り入れた活動を行いました。自主学習で活用しているフレームなので、４年生の子どもたちでも自分たちで話し合いながら進めることができていました。子どもたちが普段から使っているフレームなので、安心して取り組めていました。とくに体育は、自分の計画や目標も立てやすく、授業とけテぶれをつなげる第一歩として、有効だと思います。

「け」→ゲームで使う作戦を選び、ゲームプランを練る。
「テ」→実際にゲームを行い、作戦を実行する。
「ぶ」→試合や試合の動画を確認して、＋、−、→の視点で振り返る。
「れ」→新たな作戦を考え、うまくいくように練習をする。

✅ 総合×けテぶれ（けテぶれ3年目の実践）

　6年生の総合的な学習の時間では、けテぶれを活用したワークシートを取り入れました。発表に向かうまでの大きな計画を立てつつ、毎回の小さな計画も立てながら進めていきました。全体の計画を子どもたちが考えながら進められました。

初回の授業のワークシート

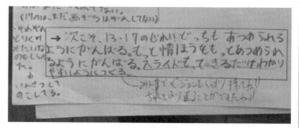

「け」→発表に向けての計画や授業での活動について計画を立てる。
「テ」→計画に沿って活動をし、自分の役割を進めていく。
「ぶ」→計画通りの活動になったのかや足りないところを考える。
「れ」→次回の授業で取り組む活動を整理する。

2回目の授業のワークシート

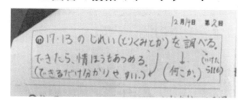

✅ 社会×けテぶれ（けテぶれ5年目の実践）

　5年生の社会では、単元内自由進度の中でけテぶれを取り入れています。「今日は何をする」「どこまで進める」「どんな風にする」といっ

た計画を立てて、スタートします。「テ」にあたる授業の取り組み自体や解決に至るまでの取り組みは子どもたちによってバラバラです。Yチャートを使って情報を整理する、マインドマップから自分の問いを広げながら進めていく、一人で集中しながら、二人で相談をしながら、班で問いを出し合いながら、いろいろな方法で学びを進めていきます。授業の終わりには「ぶ」で自分をふり返り、気になったことは「れ」としてけテぶれする子もいます。学校→家、家→学校と、学びがつながっていくことも、授業でけテぶれをするよさだと思います。けテぶれのよいところである何をするのかが明確であることが生かされ、子どもたちも自分で進めていくことができます。

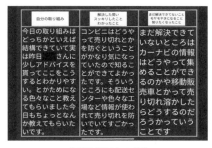
振り返りの例

児童のノート例

☑ 教師自身が「けテぶれ」を

自ら課題を見つけ、自ら学び、自ら考え、自ら判断して行動していく力」が子どもたちに求められるいま、自立・自律した学習者をめざす「けテぶれ」学習法は子どもたちにその力をつけるために有効な手段だと思います。そのけテぶれを実践するにあたり、子どもたち以上に教師側もけテぶれをする覚悟と信念、そして学ぶ気持ちが大切です。ただやらせるだけでなく、本当の力につながっていくように。今回の実践においても、学んだことを活かし取り入れたことも多いです。まだまだ改善できる点もあります。私自身もこれからも学び続け、日々考え、試行錯誤をしながら、子どもたちと成長していきたいと思います。

実践事例
教科担任制でもできる けテぶれ実践！

土田陽介（帝京大学可児小学校）

☑ けテぶれとの出会い

　私の学校は高学年から完全教科担任制を実施しており、今回紹介させていただく 2019 年度の実践は、私が 5 年生の担任かつ社会科の教科担任としてけテぶれの実践を進めたときのエピソードです。

　私が過去に受け持った子どもたちや保護者の方々は、「見通しを持って計画的に学ぶことが難しい」「自主勉強の仕方がわからない。」というような困り感を抱いていました。要するに、子どもたちが自分の目標達成に向けて自主的に学び進めていくような「仕組み」が当時本校では実践されていなかったのです。そこで、出会ったのが葛原先生でした。

　葛原先生は、単に「PDCA サイクルで学習をまわす」ということを子どもたちに手渡しているのではなく、子どもたちがじっくり内省する時間、仲間との関わりを生む場、自由に試行錯誤できる環境をつくっていることに非常に感銘を受けたのをいまでも覚えています。

☑ 学年の先生の協力を得て、実践スタート！

　導入にあたって、まず、同じ学年の先生方にけテぶれ実践の進め方を共有し、共通理解を図ってから子どもたちに伝えました。本校の宿題のシステムに組み込むにはどうすればよいか。どのようなステップ

で子どもたちに伝えていくか。児童の成長を見取るポイントは何か。などと話したことを覚えています（このあたりの対話が教科担任制では肝だと考えます）。

　私は、社会科の授業で学年すべてのクラスに出入りをするので、代表して各クラスでけテぶれについての説明を担当し、「今年度の目標は自立した学習者になること。そのための武器を手渡すからそれぞれ思い思いに磨いていこう！」とけテぶれの全体像を説明しました。

☑ 学年としての取り組みの中で土台をつくる

　導入当初はとにかく土台づくりをしました。４月の初め頃、子どもたちが提出してくる宿題を見つめていると、２つの課題が存在していました。①正しく丸付けができていない。②間違えた問題や難しそうな問題は赤ペンで答えを直すだけか、答えを写すだけに終わっている。というものです。

　そこで、他クラスの担任の先生や学年主任の先生にも協力をしていただき、次の３つを大切にするよう学年の先生みんなで子どもたちに声をかけるようにしました。「①本気の丸付けをしよう！、②間違えたらどんなミスだったかを書いて残しておこう！（分析の視点はP35の資料①の分析の欄にあるミスのABCDの視点）、③わからない問題をそのままにせず、解説を読んだり、人に聞いたりして、理解しようとしてみよう！」。その３つを意識して粘り強く声をかけているうちに、丸付けを適当に済ませてしまう子や、間違いを放置してしまう子が減ってきました。とにかく価値を伝え続けたのです。

☑ 教科指導の中でけテぶれサイクルを生かす

　はじめの２ヵ月程で、上手にサイクルをまわし、学習を楽しみにしながら、モチベーション高く取り組む子も増えてきました。しかし、なかなかテストの点数に結びつかないという壁にぶつかってしまいま

した。

　そこで、私は2学期から、宿題を通しての実践だけでなく、教科指導とけテぶれサイクルを連動させることにしました。教科担任の先生はここでの仕組みづくりに力を注ぐべきだと思っています。

　授業の学習内容の定着度を測るような小テストを実施し、子どもたちはそこに向けてけテぶれサイクルをまわす→その小テストの結果から授業中の取り組み方や自主勉の取り組み方を見つめ直す→次の小テストに向けてさらに改善をしていく、というような流れです。

　その小テストが大きなテストへとつながっていくので、授業中の取り組み姿勢の改善や自主勉強の質の向上に伴い、当然テストの結果もよくなりました。

　また、この時期には宿題交流会を行い、資料①のようなルーブリックを土台にお互いの学習の質を見る目を鍛え、自分の学び方について振り返る機会を増やしていきました。

　教科指導とけテぶれサイクルが連動してきたことによって、どのくらい前から、何を使って、どう学ぶと、自分の力になるのかが少しずつわかってきたようでした。ワークを使ったり、友達と問題を出し合ったり、宿題交流会で困っていることを仲間に聞いたりと、どんどん学びに対して主体的になり、学習量も増えていきました。その成果が表れたときの顔はいまでも忘れられません。

☑ 教科担任制でも十分できる！

　以前は担任としてすべての教科を担当し、宿題も自分の裁量で取り組める環境に羨ましさを感じたこともありましたが、いまでは、この環境で取り組めてよかったと思っています。学年の先生方に実践を広めていこうとすることは、自らが「学ぶとは何だろう」「どのような授業を構築していけばよいのだろう」と常に自問自答していくことにつながります。また、一人では見きれない子どもたちの成長を、より多くの目で見守り、共に喜べることはとても素敵なことではないで

しょうか。

　自分の置かれた環境や仕組みのどこに改善の余地があり、どのように組み込んでいけば、けテぶれのような「自立した学習者の育成につながるような素敵な実践」を無理なく推進できるのか。そのために周りに何を伝え、どんな姿で示していくのか。そういったことを考え続けることが、自分自身にとっても、子どもたちにとっても、学校や同僚にとってもプラスに働くのではないかと考えます。

　ここでは初めて教科担任としてのけテぶれ実践に手応えを感じた年の実践を紹介させていただきました。この年はいまでも自分にとって大きな転機だったなと感じているからです。

　現在は担任を持たない学年主任として、当時とはまた違った立場からけテぶれを推進することにおもしろさを感じているところです。これからも子どもたちが「自立した学習者」になっていくよう、思考（試行）し続けていこうと思っています。

資料①　けテぶれルーブリック

	S	A	B	C
計画	「…（目的）のために、〜〜（学習内容）の勉強を○○（使う教材）を使ってする。」と宣言できている。	「…（目的）のために、〜〜（学習内容）の勉強をする。」と宣言できている。	「〜〜（学習内容）の勉強をする。」と宣言できている。	何も考えず（書かず、意識せず）始めている。
テスト	本番のように緊張感を持ってテストを実施している。（点数化、時間意識）	丸付け後、直しをきちんとしている。間違えた問題はドリルやプリントにチェックしている。	本気の丸付け。（間違いを見逃さない。）	丸付けをしていない。or適当に丸付けをしている。
分析	ミスの分類ABCD＋具体的なミスの原因を言葉で書いている。	個別のミスに対して、ミスの分類「ABCD」を書いている。	何かしらコメントを書いている。	やっていない。
練習	・間違えた問題だけでなく、似た問題まで再トライしている。※ミスがなかった子・問題作りに挑戦している	間違えた問題に再トライしている。（できるまで挑戦！）	何かしらやっている。	やっていない。

【ミスの分類】A：ちゃんと読んでいない　B：うっかり　C：解き方がわからなかった
　　　　　　　D：その他

「けテぶれ」授業の
効果について

　実践事例はいかがでしたでしょうか？　ここでは、子どもたちから
と保護者の方たち双方からの「けテぶれ」の授業の効果についての感
想をご紹介します。少しでもその効果が伝わればと思います。

●３年生の子どもたちからの感想

・けテぶれというものをしって、勉強が楽しくなってすきになった

・２年の何倍も漢字が上手になって、漢字のノートを開くのが楽しみ

・算数が苦手だったけど、今ではめっちゃだいすき！

・わかんないところをずっとそのままにしなくなった

・あきらめにくくなった。がんばるということを身につけた。

・学習はゲームと同じと気づいた。気持ちがポジティブになった

・きらいなことに真けんに取り組めるようになった

・いろいろなことにちょうせんできるようになった

・自分の「マイナス」をみとめられるようになった。

・自分のしっぱいを成長につなぐことができるようになった

・自学ノートをつかって頭の中を整理できるようになった

・自習など自由な時間でもちゃんと自学ができるようになった

・自分でおうちでする宿題を決められるようになった。

・家でも集中できるようになった。

・家と学校で勉強をれん動して、つなげられるようになった

●6年生の子どもたちからの感想

・僕は１年生から５年生まで教えられたことをノートに書き、解き、とするだけで、自分の苦手なところがあっても授業は次々と進むので、あまり意味のない勉強をやらされているだけでした。

　しかし、６年生になってから教室が自由になりました。授業中に自分の苦手なところを練習したり、得意な教科の不思議を探求したりと完全に自分のペース、やり方でできるのです。また、友達と一緒に勉強して、教えてあげる、教えてもらうというサイクルを繰り返して、お互いに賢くなり、友達と一緒に学力テストに挑む、ということもできます。このように学ぶと、テストでいい点が取れるだけでなく、とてつもない達成感を得ることができました。

　こうしたことを１年間繰り返すうちに、僕は勉強に夢中になりました。そしてあることに気づきました。「努力は夢中には勝てない」ということを。（一部要約）

・私は先生に「自由」と言われたとき「やった！」という気持ちと「できるかな？」という気持ちが同時に出てきました。一度チャレンジしてみると、友達とのおしゃべりに夢中になってやるべきことを忘れてしまいました。予想通り１回目は失敗してしまったのです。

　「自由」はとても難しいです。友達と学び合うのも難しいし、かといって、ずっと一人で集中することもできません。何度も挑戦していくうちにだんだん自分なりのバランスがわかってきて、自由への一歩を踏み出していくことができます。そして自由を使いこなせるようになることで、勉強がとても楽しくなっていきます。

　わたしは「自由」に出会えないと、勉強、授業、宿題が楽しくなれませんでした。「自由」は私を動かしてくれました。

　おとなになるにつれて「自由」はどんどん大きくなるから、この学びをずっと大切にしていきます。自由の大切さ、難しさを忘れません！（たのしさも！）（一部要約）

●保護者からの感想

　させられる学習ではなく、自ら（また自分たちで）する学習をとても楽しんでいます。得意や苦手を自分で分析する力が小3にあるのだと、我が子ながら感心しています。生涯役に立つ取り組みだと思います。習い事や生活面でも「けテぶれをまわしてごらん！」と言うと、親子げんかになることなく本人がやる気になります。間違えることは恥ずかしいことではないと知れたことで前向きに取り組めています。　　　　　　　　　　（小3、保護者）

　息子は小学校2年生までは「学校は好きだけれど、学校の授業はあまりおもしろくない」と言っていました。学習は決して嫌いではないのに、宿題でもう覚えた漢字の書き取りを何回もしたり、足し算や引き算九九などもう覚えているのに計算カードをしないといけないことにあまり興味が持てなかったようです。それが3年生になってけテぶれが始まってから、「学校の授業が面白い」と言うようになりました。テストに向けて自分でスケジュールを立ててその日に学習する分を決め、空いた時間を自分の好きなことに使う、という時間の組み立てが上手になりました。学校では読んだ本や町で見かけた看板に出てきた漢字を辞書でどんどん調べて学年配当ではない漢字がいろいろ書けるようになったり、好きな歴史の本をじっくり読んだり家庭ではお手伝いを進んでしてくれたり、興味の幅が広がり知識が深くなっていることを感じます。また月学習で自分の興味があることをじっくりと学習し、できるようになったことを太陽学習でお友達と共有することで自分が役に立つ人間だと感じることができ、自己肯定感を持てるようになりました。自分の軸がしっかりしたことにより、周りのことを気にせずに目標に向けて努力し、やり遂げる力がついたように思います。ぜひ今後とも息子が興味を持ったことに意欲的に取り組んでいけるように、学校での学習環境を整えていただき、自ら課題を解決していくのをサポートしていただけますと大変うれしく存じます。よろしくお願い申し上げます。　　　　　　　　　　　　　　　　　　　　　　　　　　　　（小3、保護者）

いつも大変お世話になっております。３年生になってずっと授業が楽しいけテぶれが大好きと家でも言っています。家でも自分が学習することを自分で決めて取り組む姿を見て学習力がついてきたなと感じています。いろいろなことを感じていいと思うことをまねしてさらなる変化を親として応援していきたいと思っています。引き続きどうぞよろしくお願いいたします。

（小３、保護者）

　学校での学習は友達とわからないところを教え合ったりできる時間をつくっていただいていることで、学ぶ楽しさや仲良くなれるきっかけができ、いままでより楽しく学校に通えるようになりました。家での学習は宿題を今日やることは自分で決めるというスタイルになってから計画を立てる力がついてきたのがよかったです。

（小５、６、保護者）

　最近勉強が楽しいと言っています。大嫌いだった漢字も今日できる範囲を自分で計画し毎日コツコツとやり出しました。以前はだるいと泣きながら宿題をしていたので驚いています。心マトリクスもクラスで実践しているようで、クラスの雰囲気もよくこんなクラスだといじめなどのトラブルも少ないのではないかと思います。

（小３、保護者）

　娘にはけテぶれが合っているようです。自分で自分を見つめ直し、自分で気づき、自分で直していく。子どもが主体的に動ける学習法は素敵だと思います。

（小６、保護者）

　学校嫌い勉強嫌いだった娘がけテぶれ学習法で学ぶようになってから「どんどん楽しくなってきた！　やればやるほど楽しくなってきた！」ととても前向きに取り組むようになりました。おかげで成績も上がり、自分で目標を持てるようになりました。

（小５、保護者）

「けテぶれ」授業では、大小2つのサイクルをまわします

☑ 「けテぶれ」を授業に導入するイメージ

　けテぶれがとても授業で効果的な方法だということをごらんいただきましたが、いかがでしたでしょうか。

　さて、ここではけテぶれが2つのサイクルで成り立っていることをお伝えできたらと思います。1つは「けテぶれの基本のサイクル」です。

基本の小さなサイクル

計画
学びの計画を立てる

練習
自分で考えたやり方で
練習する

テスト
演習問題へのチャレンジ

分析
やった問題に丸付けしてできなかったところを
どうできるようにするか考える

　基本のサイクルを毎日まわしつつ、1週間単位、1単元単位ではもっと大きいサイクルをまわしていくようなイメージになります。

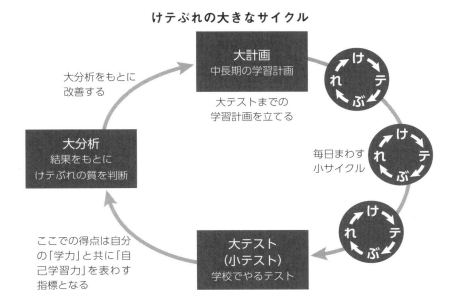

けテぶれの大きなサイクル

大計画
中長期の学習計画

大テストまでの
学習計画を立てる

大分析をもとに
改善する

大分析
結果をもとに
けテぶれの質を判断

毎日まわす
小サイクル

ここでの得点は自分
の「学力」と共に「自
己学習力」を表わす
指標となる

大テスト
（小テスト）
学校でやるテスト

☑ 基本のサイクルからまわせるように

　最初は「基本のサイクル」を子どもが自分でまわせるようにすることに専念します。基本のサイクルのやり方や、意味を理解できれば、自然に大サイクル的な思考が出てきます。一方「基本のサイクル」を全員がきっちりとまわせるようになるのは想像以上に難しく、丁寧な指導が必要です。全員に丁寧に説明し、みんなで一緒にやってみながら、徐々に理解させていきます。漢字の時間でけテぶれをやるなら、できた子から先生チェックを受けることにしたり、活動後にノートを回収してチェックをしたり、といったことが必要になります。

　こういった**「学び方（けテぶれ）の基礎トレーニング」**をしっかり積んで初めて、通常の授業でも１時間の授業について子どもが自分でノートに計画を書いて、学習をし、学習を振り返って、次はどうしたらいいかを考え、またやってみて振り返る、という時間の使い方を、子ども同士で協力して学び合いながらできるようになっていきます。

「けテぶれ」は
特別な学び方？

☑ けテぶれという言葉を使う意図

　本書では「けテぶれ」といった用語を使い、何か特別なことのように学習空間の設計方法を述べていますが、僕としては「これが普通の学習のあり方でしょう？」という意識があります。何かを学習するときって、「学習の見通しを持って（計画）、ひとまず自分で取り組んでみて（テスト）、やってみた結果から自分に必要な学習を考え（分析）、結果に応じて問題を解いたり、本を読んだり、誰かに教えてもらったりする」という流れになりませんか？

　けテぶれという言葉はこういった「当たり前で基本的な勉強の方法」を子どもたちにもわかりやすく表現し、頭文字をとってキーワードにしているに過ぎません。

　しかし一方でいままでの学校教育で、このような「当たり前で基本的な勉強の方法」を、子どもたちにもわかりやすく表現し、キーワードとして紹介しつつ、それを毎日毎時間徹底的に活用しながら、自分で勉強ができるようになるためのトレーニングをする機会は設定されていませんでした。

　「当たり前」なのだから、言わなくてもできるはずだ。といった関わりではいつまでも、できる子はできる、できな子はできないという世界が変わることはありません。

そこに「当たり前で基本的な勉強の方法」として「けテぶれ」という言葉とそれを活用する大量の機会があれば、できる子は自分がやっていることを「けテぶれ」の流れで理解できますし、できない子にとってははっきりと「学び方」を知り、それを使いこなすためのトレーニングをすることができます。また、両者が「基本的な学び方」として「けテぶれ」という共通言語を持っていると、できる子もできない子も同じ土俵に立って、「学び方についての対話」ができるようになるのです。

けテぶれという言葉を使う意図は、こういうところにあります。

☑ 大切なのは「学習力の土台」をつくる期間

いまやっている授業が、子ども同士がどんどん自分たちで学び合い、助け合って教科書の学びを進めていくような、そんな授業にいったいどうやったら変わるんだろう？？　イメージができない。そんなふうに思う方もいると思います。

それは、子どもたちの中に「学習力の土台」ができあがっていないからではないでしょうか。自分で自分の学習を進められる力＝学習力がない子たちにいきなり学びを任せることなんてできませんよね。**子どもたちに学びを任せるときには、「学び方（けテぶれ）の基礎トレーニング」の期間が必要**なのです。

いままではこの「学び方の基礎トレーニング」として、いつ何をどのようにやればいいのかがはっきりと示されてこなかったために、子どもたちの中に「学習力の土台」がつくられず、結果として先生たちは子どもたちに学びを任せることができない、という状況が続いていたように思います。

本書は"学び方の基礎トレーニングとして、いつ何をどのようにやればいいのか"という問いに対して、「まずは漢字の学習から、けテぶれを合い言葉にした自己学習の練習を、本書で説明するようなやり方でやっていくのはどうか」という提案をしています。

「けテぶれ」授業革命の全貌！

　本書で提案するけテぶれ授業革命の全体像を示しました。もちろんこのとおりでなければならないことは決してなく、学級に合わせて取り組んでいただければ OK です。

　大まかな流れとしては、まず漢字や算数の授業時間を使ってけテぶれをまわす練習をたくさんし、慣れてきたら、宿題で一人でまわしたり、授業中のけテぶれタイムの時間を長くしたり、他の分野でもけテぶれを適用してみたりして、だんだん「自分で考え自分で行動するということの意味と実感を、経験から学んでいく」というデザインです。

けテぶれ授業革命の具体的スケジュール

	4月	5月	6月	7月	9月	10月	11月	12月	1月	2月	3月
漢字	①漢字けテぶれ（授業）								⑧学級に合わせて展開→収束		
			②漢字けテぶれ（宿題）								
算数		③一部けテぶれ									
				④1時間けテぶれ							
						⑤一単元けテぶれ					
生活			⑥1日けテぶれ（シート）								
他			⑦さまざまな活動にけテぶれを活用								

①漢字学習でけテぶれを体験 (授業) P60 ～

　まずは子どもたちに「けテぶれとは何か」を説明し、みんなで一緒に、「けテぶれ」の流れで自分で自分の学習を進める練習をします。

②漢字学習を自主学習のけテぶれに (宿題) P68 ～

　子どもたちの取り組みを見て、徐々に漢字のけテぶれは宿題に移行させていきます。

③算数の授業の一部をけテぶれ化 P104 ～

　授業の前半をレクチャーとし、後半の 15 ～ 20 分でけテぶれ的に学ぶ時間をつくります。

④算数 1 時間まるごと「けテぶれタイム」に挑戦 P122 ～

　授業時間におけるけテぶれタイムを徐々に拡大させ、まずは単元末に 1 時間丸ごとのけテぶれタイムに挑戦します。うまくいけばそういう時間を単元の中に増やしていきます。

⑤さまざまな活動にけテぶれを活用 P148 ～

　「けテぶれ」という見方考え方を得れば、学校生活におけるさまざまな活動をけテぶれ的に見て、考えることができるようになっていきます。

⑥学校生活を対象に 1 日けテぶれ P150 ～

　朝に「計画」を立て、午前中で「テスト」、お昼に「分析」、午後に「練習」という構成で、学校生活そのものも、「自らやる」という意識で取り組みます。

⑦算数 1 単元でのけテぶれに挑戦 P160 ～

　単元内自由進度的な雰囲気が出てきます。ここに至るまでに①～④（さらには、⑤、⑥も）という「練習期間」を設けているのです。

⑧学級に合わせて展開→収束

　「けテぶれに取り組む学級」もまた、「学級に合った学び方」を探究していくべきです。1、2 学期で本質的にけテぶれに取り組んでいけば、3 学期はその学級独自の学びのあり方が立ち現れてきます。その流れをもっとも大切にし、1 年の学びを収束させていくのがいいと思います。

単元の中で「けテぶれ」に取り組んでいく流れ

☑ 3年生の分数を例に…

けテぶれによる授業革命は、算数の授業をけテぶれ化していく中で本格化させていきます。ここでは3年生の分数の単元を例に取って、前ページの「③授業の一部をけテぶれ化」「④1時間まるごとけテぶれ化」「⑦1単元すべてのけテぶれ化」までのプロセスを示してみた

1時間の進行→

	導入	学習内容＋学習方法について見通す			
	分数の表し方	本時に必要な知識についての授業		けテぶれタイム	
		本時に必要な知識についての授業		けテぶれタイム	振り返り
		けテぶれタイム	小テスト	授業	振り返り
	大きさくらべ	本時に必要な知識についての授業		けテぶれタイム	
		本時に必要な知識についての授業		けテぶれタイム	振り返り
		けテぶれタイム	小テスト	授業	振り返り
	計算	本時に必要な知識についての授業		けテぶれタイム	
		本時に必要な知識についての授業		けテぶれタイム	振り返り
	まとめ	計画	けテぶれタイム		振り返り
	テスト	単元末テスト		大分析	

（左端に縦書きで「1単元の進行→」）

いと思います。分数の単元は 10 時間単元で、内容は「分数の表し方」「大きさくらべ」「足し算引き算」に大別されます。左の表は単元の進行を図にしたものです。1 行 1 時間とし、上から下へと単元が進行します。

✅ ③授業の一部をけテぶれ化

　まず、授業時間の 15 分程度をけテぶれタイムとします。すべて任せきってしまうと、内容の定着がおろそかになってしまうので、内容ごとに単元を区切り、小テストにて到達度を確認しながら進める形式を取っています。「けテぶれタイム→小テスト→授業」という展開はP108 にその展開例も示しているので、参考にしてください。

✅ ④算数1時間まるごと「けテぶれタイム」に挑戦

　表の下部「まとめ」の時間では「1 時間まるごとのけテぶれタイム」に挑戦するような構成になっています。はじめの「計画」では、この1 時間、どのように勉強を進めるかについて子どもたちが一斉に考える時間です。ここまでの「けテぶれタイム」から、自分の苦手について自覚的になることができていれば、この時間に自分が学習すべき内容を効果的に選ぶことができますし、どんな学び方が自分にとってよいのか、という思考が深まっていれば、1 時間の学び方についても本質的に考えることができます。

✅ 導入と振り返りでは、内容と方法について常に考える

　単元進行中には常に「学習内容」と「学習方法」の両面から自身の学びを調整する、ということが必要です。単元導入時や、振り返りの時間には、常にこの 2 点について考えられるような声かけや指導が必要です。

だんだん、⑦の単元けテぶれに近づいていることがわかると思います。この例でのポイントは、単元の中盤から「学習時間が、子どもたちのけテぶれタイムからはじまる」という点です。授業がはじまったらいきなり、けテぶれによる自己学習がはじまる、ということです。教師ははじめの5分ほどで本時の学習範囲と目標を伝えます。そして、授業の終盤に、子どもたちの学習をまとめる形で、授業を行います。うまく行けば、けテぶれタイムがそのまま授業の最後まで続いてしまうことも頻繁に起こるようになってくると思います。そうすれば、最終的な「単元けテぶれ」へと駒を進めることができるはずです。（ここまでの流れは、P112〜で詳しく説明しています）

☑ けテぶれタイムの拡大

次に、P46よりもさらにけテぶれタイムを拡大させた例が下表です。◯（丸印）は、コンパクトな一斉指導のことを指します。

1時間の進行→

1単元の進行↓					
導入	学習内容＋学習方法について見通す				
分数の表し方	本時に必要な知識についての授業		けテぶれ◯タイム		
	本時に必要な知識についての授業		けテ◯ぶれタイム		◯
	本時に必要な知識についての授業		けテぶれタイム◯		振り返り
大きさくらべ	本時に必要な知識についての授業	◯けテぶれタイ◯ム			振り返り
	◯けテぶれタイ◯ム		本時に必要な知識についての授業		振り返り
	◯	けテぶ◯れタイム	◯	本時に必要な知識についての授業	振り返り
計算	◯	けテぶれタイム	◯	◯	振り返り
	小テスト3枚			授業	振り返り
まとめ	◯	けテぶれタイム◯			振り返り
テスト	単元末テスト		大分析		

☑ 単元けテぶれ

　そしてこれが、⑦の単元けテぶれについて本書で提案する最終的な単元進行例です。基本的にはけテぶれによる子どもたちの自己学習で単元時間が進みます。そこに指導者からのコンパクトな一斉指導がちりばめられています。

　ここでは**「教室は先生が授業をする場所である」という認識から、「教室は子どもたちが学ぶ場である」という認識への大転換が起こっています。**この大転換こそ、本書が提案する授業革命の姿です。子どもたちを学びの主体者として捉えたとき、このような単元デザインになるのが自然ではないでしょうか。

　本書では、このような学習空間のつくり方と、そこで「けテぶれ」が果たす役割、そしてこの中から生まれる本質的で深い学び（自分自身についての学び）について、詳しく説明していきます。

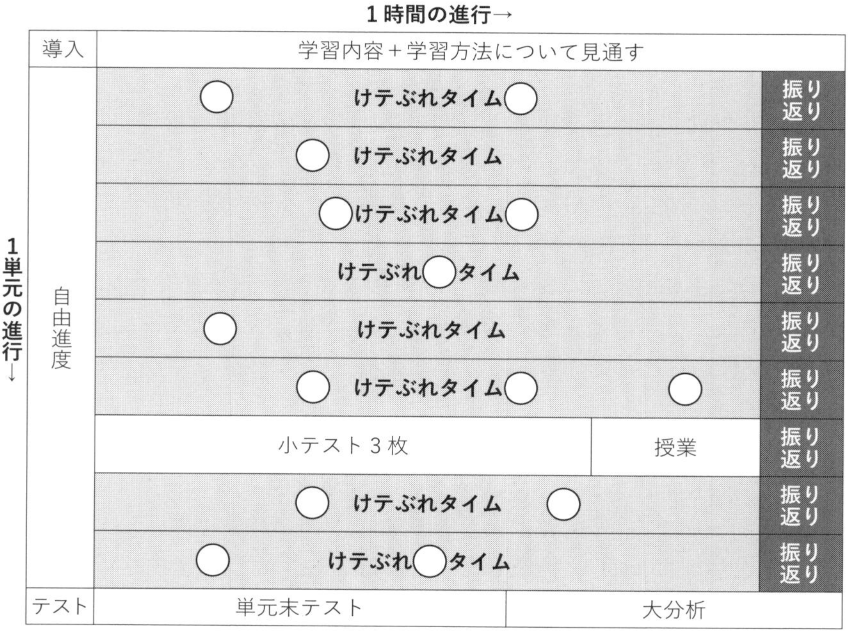

1時間の進行→

導入	学習内容＋学習方法について見通す				
自由進度	◯	けテぶれタイム◯			振り返り
		◯ けテぶれタイム			振り返り
		◯けテぶれタイム◯			振り返り
		けテぶれ◯タイム			振り返り
	◯	けテぶれタイム			振り返り
		◯ けテぶれタイム◯		◯	振り返り
	小テスト3枚			授業	振り返り
		◯ けテぶれタイム ◯			振り返り
	◯	けテぶれ◯タイム			振り返り
テスト	単元末テスト			大分析	

（左側縦書き：1単元の進行→）

子どもに学びを任せるのはこわい?

　子どもたちに任せるだけで本当に学び合えるのか…と不安になるお気持ちもよくわかります。

　でも考えてみてください。ピアノでも水泳でも自転車でも、技術を習得するための過程では、何度も何度も失敗を繰り返すものではないでしょうか。失敗こそ、上達するために必要なエッセンスではないでしょうか。けテぶれの考え方を授業に取り入れたところで、子どもたちが全員意欲的に、学びに一心不乱に向かうかといえばそんなことはありません。子どもたちは多くの失敗をするでしょう。でもその姿を否定したり、嘆いたりしたところで何も生まれません。けテぶれ×授業が作用するのは、この後です。失敗を受け止めて、次の一歩をどう出すか。ここにけテぶれ思考が生きてくるわけです。

　やってみて失敗したのなら、分析、練習。練習はいつやるか。それは次の授業です。教科は関係ありません。けテぶれを授業に導入すれば、どの教科の時間も「自分で学べるようになるための練習のフィールド」となります。この時間でうまく行かなかったことは、授業の最後に明確に言語化し、次の授業で乗り越えようとする。この自己改善サイクルが1日6時間なら、6回転。1年で約1000回転します。このサイクルが子どもたちに圧倒的な成長をもたらすのです。

　けテぶれは「何事もスムーズにうまくいく」ための考え方ではなく、「自分で挑戦し、失敗から情報を抜き出し、また挑戦することで、自分に深く成長の根を張る」ための考え方なのです。決して、楽な、スマートな道は保証できません。

　泥臭く、一歩一歩自分の力で道をつくる。こういうことを、子どもたちと共にやる覚悟があるか。ここから先に読み進める前に、一度、ご自身で自分に問いかけてみてください。このサイクルに教師が折れてしまえば当然、子どもたちはついてきません。子どもたちに学びを任せつつ、教室のどの子よりも教師が学びに熱くなる。その熱が、子どもたちの学びに引火するのです。

第1章

ホップ!

授業をけテぶれ化しよう!

けテぶれ指導で
まず目指すのは
学びの型を身につけること

☑ 一人ひとりがけテぶれをまわせるようになる

　技能の習得にはまず「型」を知り、それを徹底的に反復する必要があります。けテぶれ指導における第1段階はここを狙います。

　「子どもたち主体の学び」によさを感じる人の中には、「教師が教えること」に抵抗を覚える方もおられるかもしれません。しかし、教師が何も教えずにただ「自由に学びなさい」というだけでは、子どもたちの学びはなかなか深まりません。

　たとえば水泳で「子どもたちを毎日ただ水の中に入れて、自由に泳げばいいよと言い続けるだけの状況」と、「泳ぎの型を伝え、その型を身につける過程で自分なりの工夫を加えていくことができる状況」では、最終的により大きな「自由」を獲得するのはどちらでしょうか。

　ただ自由に、活動を楽しむだけの状況が「這いまわる経験主義」として批判された過去を昇華しなければなりません。経験を通して学び方を学ぶためには、自分で学んでみるという経験が大量に必要なのは確かですが、その大量の経験を支えるだけの洗練された知識が必要なのです。**本実践でいうと「基本的な学び方とは"けテぶれ"である」という知識です。これがあることで、子どもたちは自分の学習経験を「けテぶれ」として理解し、一回一回の学習をよりはっきりと、意識的に積み上げていくことができるようになります。**

☑ 学びの型は「けテぶれ」だ、と言い切る

　大量に自己学習の経験を積み上げるために必要な知識として「けテぶれ」を子どもたちに紹介します。まずは「けテぶれ」という学びの型を使いこなせるようになることを目指すのです。学び方は人それぞれだよ、と言っているだけではいつまでたってもできる子はできる、できない子はできないという状況が続くだけです。

　まずは言い切る。いままでの教育では「学びの型」が明確に定義されていませんでした。その定義を子どもたちにわかりやすい形で示した、という点に、いま「けテぶれ」が全国に広がり、各所で効果を上げている一つの要因があると思っています。

☑ 毎日の授業をけテぶれ化しよう

　言い切った後は、徹底的な反復練習が必要です。それを実現させるために、授業の一部をけテぶれ化して、毎日けテぶれ学習を体験できるような仕組みをつくります。シンプルにいえば、授業の演習時間を「けテぶれタイム」とするのです。たとえば漢字の学習では、新出漢字をサッと指導し、残りを「けテぶれタイム」として、自分で漢字の学習をする期間とする、などのアイディアが考えられます。算数の授業では、授業の前半にレクチャーをして、後半を「けテぶれタイム」とし、教科書やドリルの問題を活用して、自分で"けテぶれ"を合言葉に自己学習を進める時間とする、などのアイディアが考えられます。

　どのアイディアもはじめのねらいは**「けテぶれという学びの型を徹底的に反復練習する」**ということです。宿題におけるけテぶれでは、必然的に毎日、けテぶれをまわすことになるのですが、授業の場合は、どこかで意図的に「けテぶれタイム」を設定しなければなりません。

　一方、宿題と違い、授業でのけテぶれタイムは、最終的に単元の学びすべてがけテぶれとなるような子どもたち主体の学びの場へと進化していきます。本書ではそこまでの過程を丁寧に紹介していきます。

指導にあたっての心構え「できるできないじゃない、やるかやらないかだ」

☑ やらせる覚悟を持つ

けテぶれの入門期は、「自由をつかむための学習技術の習得段階」として位置付け、ひとまずけテぶれを反復的に行うことを意識する必要があります。与えられた「型」を反復するという活動は、けテぶれが目指す「自立した学習者」とはイメージが異なるかもしれません。**大切なのは「子どもたちが"将来"自分で勉強できるように、"いま"子どもたちにけテぶれ的な学びをやらせる」という意識です。ここに覚悟がないと指導なんてできません。**

指導者がするのはあくまでも「強制」なのです。そもそも私たちは、子どもたちを学校に来させ、教室に割り当て、席に座らせています。そして、時間割を決め、教科書の内容を伝えています。ここに子どもたちの希望は反映されていません。学校の先生である以上、子どもたちを学校に来させている以上、何らかの「強制」をせざるを得ず、実際に日々、強制をしているのです。ここに自覚的になったとき、「全員に強制するに値する内容とは何か」という問いから逃れることはできません。その答えとして私は「けテぶれ」を提案しています。

ここまでさかのぼって、前提を掘り返してなお、**「けテぶれは全員が経験するに値する内容である」と自信を持って説明できるからこそ、「やらせる」という覚悟が生まれるのです。**本書を読み終えたとき、

まずはこの点について、ご自身で納得できるかを確かめてみてください（もちろん、学習指導要領も踏まえた上で）。

　「子どもたちを自立した学習者に育てるけテぶれ学習法！」と聞くと、**けテぶれさえやらせておけば、勝手に勉強をするという印象を持たれるかもしれませんが、実際にはそんなことはあり得ません。**実際に指導してみると、うまくいかないこと、子どもたち、保護者、同僚からのネガティブな反応、などさまざまなことに出会います。このような反応をしなやかに受け止め、実践の向上へとつなげるためには、「なぜ、けテぶれを子どもたちに"強制"するのか」についての確固とした答えを持っている必要があります。

☑ 教師もけテぶれをまわし続ける

　覚悟を持って、子どもたちにけテぶれ的な学びを経験させた後は、徹底的にフィードバックをするということもまた必須です。

　授業でけテぶれに取り組んだのなら、授業後にはそのノートを回収し、すべて目を通し、よい取り組みを取り上げて通信を作成し、翌日に全員に返却しつつコツや注意点について語る。こういうことを毎日繰り返す必要がある、ということです。

　決して楽な指導ではありません。しかし「楽しく」はあります。子どもたちが毎日自分と向き合い、いろいろな工夫をしながら学びを進める姿とはこんなにも頼もしく、見ているコチラまでワクワクさせられるのだな、と気づくはずです。

　本書で紹介する取り組みに挑戦しようとする場合は、ひとまず最低でも３ヵ月は、徹底的にやるという決意を持って取り組んでください。これは、子どもたちに対して「いいからやれ！」と言って、３ヵ月押し切りましょうという意味ではありません。

　３ヵ月、できれば１年間、走り切るには、日々子どもたちの様子を観察し、子どもたちの反応から教師自身がけテぶれ的に指導を改善し続けるという、「教師のけテぶれ」が大切です。

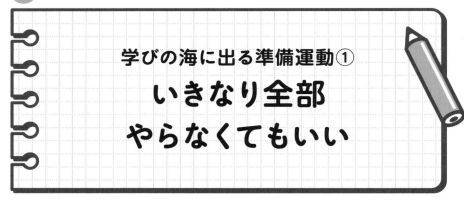

学びの海に出る準備運動①

いきなり全部
やらなくてもいい

☑ 丸付けからはじめてみよう

　けテぶれは「計画、テスト、分析、練習」という４つの過程をぐる
ぐるとまわすような学習をしましょうという提案です。**ぐるぐるまわ
るということは、どこからでもスタートできるということです。つま
り何も最初から「計画」を立てて…としなくてもいいのです。**先程は
けテぶれのすべてを体験するプランを紹介しましたが、ここではそれ
とは違い、けテぶれの４つの過程を切り分けて、部分的に導入して
いくアイディアを紹介します。

　たとえば、子どもたちにとってまだ「計画」は難しそうだなと思え
ば、飛ばして「テスト」から導入するのもありです。漢字や計算など
の学習プリントで問題を解く機会があれば、それをやって終わりにす
るのではなく、丸付けまで自分でやるのです。するとおそらく「間違っ
ているのに丸を付けてしまう」という失敗を多くの子が経験するはず
です。そこで自分で丸付けをする難しさやコツ、何より自分で自分の
間違いに気づけることの大切さを伝えていきます。

　丸付けができるようになったら、自然とその結果を分析したくなる
はずです。低学年なんかはこのパターンから入るといいかもしれませ
ん。

☑ 分析から入るのもあり

　一方、4年生以降では「分析」から入るパターンもあり得ます。テスト返しのときにノートを用意させ、返却された結果を見て「なぜその点数になったのか」「もっと点数を取るためには何をすべきだったのか」と考え、記述させます。**分析の第1歩は「自分が思ったことをそのまま文字にする」ということです。**できたなら「よっしゃ！」失敗したのなら「くそー！」と自分の気持ちをそのまま素直に表現していけば、徐々に学習が自分ごとになっていきます。詳しく客観的な分析ができるようになる前に、このように学習を自分ごとにしていく過程がとても大切です（これは計画にも同じことが言えます）。

　こうして自分のテストの結果を受けた自分の気持ちや考えを素直に言葉にする、という習慣と技術を確実に身につけてから次の段階へと進む、ということがあり得ます。分析できた子は、「失敗を繰り返さないために、いますぐノートに勉強してみなさい」とすると、「分析→練習」への意識もついてきます。

　さらにその時間の最後に、次の小テストまでの「計画」を考えさせる…などというように、徐々にサイクルに入っていくことができます。

☑ まず経験をさせ、その後に言葉をあてはめる

　これらのアプローチは、はじめから「けテぶれ！」と言わず、まず子どもたちに部分的に体験させる、というものです。実はみんながやっていた学習は「けテぶれ」という言葉で説明できるのですよと、後から実際の経験に「けテぶれ」というコトバを当てはめることで理解がしやすくなります。

　子どもたちの不安な気持ちが強そうだと感じた場合、もしくは、指導者としていきなり「けテぶれ」すべての過程をマネジメントできるか不安だと感じる場合は、このページで説明したように、部分的にゆっくり手渡していくというアプローチも考えてみてください。

学びの海に出る準備運動②
授業は何のためにある?
本質的な問いかけや
活動をしてみよう

☑ クラスにも慣れたタイミングで…

けテぶれを分解して部分的に取り入れていく、というアプローチはけテぶれという「手段」をスムーズに受け渡すための工夫です。しかし、あらゆる手段は「何のための手段か」という目的意識がなければうまく作用しません。

けテぶれを授業に用いるとき、「授業は何のためにあるのか」という問いに対する答えがはっきりしていなければ、けテぶれをいつどのように活用すればいいのかわからなくなってしまうということです。

では授業は何のためにあるのでしょうか。端的にいえば「賢くなるため」ですね。では賢くなるためには、どうすることが必要でしょうか。先生に言われたことに無思考に従うだけで賢くなれるでしょうか。「先生に賢くしてもらう」のか「自分で自分を賢くする」のか。両者で得られる「賢さの大きさや深さ」は同じでしょうか。

こんなふうに授業や学びの目的を子どもたちとゆっくり話す機会を設けることで「けテぶれ」の必要性を理解できるようにする。こういう「目的」からのアプローチも大切だと考えます。

(もちろん授業や学校という存在の、もっとも大きな目的は教育基本法第1条にある「人格の完成」です。こことの関わりは常に意識します。

☑ 時間的な余白を活用する

　けテぶれ的な学びの本質は「自分で考えて、自分で学ぶ」ということです。本格的にけテぶれを導入する前に、こういうマインドを育てておくというのも一つの方法です。

　学校生活には、意外に多くの“余白”が存在しています。授業で自分の課題が終わってしまった後や、全校集会が終わって教室に戻ってきてから授業が始まるまでの間、何かのトラブルで先生が教室に戻れなくなってしまったときなど、改めて意識してみると多くの“時間的余白”の中で子どもたちはただ“待つ”という時間を過ごしていることがあります。この時間を「自分で考えて、自分で学ぶ」ことに挑戦するという時間にするのです。

　漢字ドリルや計算ドリルの進度を細かく管理するのではなく「○○日までに、○ページまで終わらせておくこと」とすれば、余白の時間を使って学習を進められますし、小テストの日程を予告しておけばそこに向けた勉強をすることもできます。さらに「やるべきこと」だけでなく、読書やお絵かきなど、自分の「やりたいこと」に取り組んでもいい、とすると、自己選択自己決定の中で「やるべきこととやりたいことのバランスを意識する」ということを練習できます。

　こうして、自分で考えて自分で学ぶ、ということを繰り返し練習しておくことは、「自分で学ぶための手段としての“けテぶれ”」を受け取る際に非常に重要です。さらに「余白の時間は自分で考えて自分で学ぶ」という風土をつくってしまうことは、指導者側にとってもメリットがあります。授業時間を無理に活動で埋めようとしたり、余白の時間が出ないように不必要なワークシートを作って子どもたちを縛ろうとしたりする必要がなくなるからです。

　もちろん挑戦させるからには、結果を子どもたちと一緒に分析し、アドバイスをし、練習をするという「自分の時間を上手に使うためのけテぶれ」を子どもたちに確実にまわさせてあげる必要はあります。

いよいよみんなで「けテぶれ」体験！

☑ 1時間「けテぶれ」に使える時間設定で

　さまざまな下準備を経て、いざみんなでけテぶれに挑戦するときは、まず全員で体験する機会を取りましょう。簡単に丸付けができ、分析も簡単な「漢字の学習」がおすすめです。

　はじめは「けテぶれとは何か」を、丁寧に説明しましょう。ひとまずけテぶれとは何を目標にどうやるのか、その目的は何か、ということをある程度の子どもたちが理解できることを狙います。

けテぶれとは

●計　画：その日のめあてを書く
　　　　　○○だから□□をする！という書き方が望ましい

●テスト：自分で自分の実力を確認する
　　　　　正確で厳しい**丸付け**ができるように。間違いは宝物

●分　析：テストの結果を分析し、苦手を見出す
　　　　　よくできたときは、自分を思いっきりほめる

●練　習：苦手に応じた学習をする
　　　　　読んで覚えたり絵を描いたり、**多様な学習法**を認める

　指導の最後にはやり方をまとめたプリントを配付したり、教室に掲示することをおすすめします。ここから紹介する導入例は、一度上の図のような掲示物などを活用しながら「けテぶれ」とは何か、という

説明を受けた子どもたちに向けた授業案です。

☑ 導入（5分）

準備物：ノート＋漢字ドリル

導入の説明：では前の時間に紹介した「けテぶれ」を実際に体験してみよう。けテぶれとは何の言葉の略だったか覚えているかな？（掲示物が思い出すきっかけになる）

そうだね！　今日は実際にけテぶれを使って漢字の学習を自分で進めてみよう。ドリルの〇ページを見ましょう。今日学習するのはこの5文字です。（漢字ドリルから）

☑ 計画を書いてみる（5分）

計画の説明：まず計画を書きましょう。ノートに「け」と書いて、今日のめあてを書きます。といっても今日は初めてですのでなかなかめあても思いつかないかもしれませんね。そういう子は、いまの気持ちを書いてください。"よくわからんけどとりあえずやる"とか。"おもしろそう"とか。何でもいいです。書ける子は具体的な目標やめあてを考えて書いてももちろんいいですよ。ではどうぞ。

☑ テスト（10分）

次にテストです。テストは何のためにするのでしたか？（画像確認）そうですね。ここは100点を取ることが目標ではない。いま自分はどれくらい書けるのかを調べます。ノートに「テ」と書き、先生が黒板に書く問題をノートに写して、解いていってください。いまのうちによく見ておいて！　はい、では漢字は隠します。ノートに「け」と書き、先生が出す問題の答えを書いてみてください。

書けましたか？　では、自分で丸付けをしましょう。丸付けはドリルを見てください。

ここでいきなり100点を取れる必要なんてまったくありません。

いくつ間違えても OK です。だって、今日初めてこの漢字を見た子もたくさんいるもんね。でも反対に、今日の 5 文字の中でもうどこかで見たことがあって、正解できる字がある子もいるはずです。いいですか？　けテぶれのテストは、書ける字と書けない字を分けることが目的です。わからない字は分析練習をして、明日、書けるようになればいいのです。そういう意識で丸付けをしましょう。間違いがカッコ悪いと思っていると、本当は間違えているのに自分に甘く丸を付けてしまうことがあります。ですが、けテぶれ学習ではまったく逆です。間違いこそがお宝。それさえ捕まえることができれば、それを分析練習で磨いて、自分の実力を上げることができるのです。

☑ 分析（5分）

　　分析の説明：丸付けはできましたか？　やってみると意外に難しかったと思います。まずは自分で正確に丸付けができるようになることを目指しましょうね。

　さて、学習はまだ続きます。いまみんなは、自分がわかっているかどうかチェックしただけ、です。賢くなるのはここからです。

　分析では何をするのでしょうか？　（掲示物から答えさせる）

　そうですね。どうすればもっと賢くなれるかを考えるのが分析です。こういうと少し難しそうですね。

　でもやることは「計画」のときと同じ。思いつかなければ「いまの気持ち」を書くだけでいいです。100 点だったら、「俺天才！」でいい。1 問間違えたのなら、「1 問間違えた！　くやしい！」でいい。ノートに "ぶ" と書いてから自分の気持ちをそのまま書いてみましょう。

　詳しく書けそうな人は「＋、－、→」の3点で書いてみましょう。

・＋：うまくいったこと
・－：うまくいかなかったこと
・→：次からどうするか

☑ 練習（10分）

練習の説明：最後は練習です。練習は何のためにしますか？　（画像から）間違えてしまった問題がある人は、次は間違えないように、さっき分析で考えたことを生かして練習してみましょう。このとき、頭を柔らかくして考えてください。漢字を覚えるためにやることは"たくさん書く"だけではないはずです。音読したり、絵に描いたり、大きく書いたりと、いろいろな方法が考えられる。賢くなるための手段はたくさんあります。自分にとって一番いい方法だと思える方法でやってみましょう。100点だった、という子はその漢字の別の読み方や、熟語、成り立ちなど、今日学習した漢字をより深く学習してみてください。ドリルを見ると、まだ自分の頭に入っていない情報が見つかるはずです。それを見つけて練習しましょう。ではノートに「れ」と書き、それぞれに工夫して頑張ってみましょう。

☑ プチテスト→語り（10分）

　さて、"けテぶれ"はここまでです。では、いまのけテぶれの成果を測ってみましょう。また先生がいまから黒板に問題を書きますので、ノートにその答えを書いてみてください。もし余分に勉強した人でその漢字を使った熟語も覚えられたよ！　という人は、答えの横に自分が知っている熟語を書いてもOKです。ではいきます。(3問ほど出す)

　では答え合わせです。（答えを黒板に書く）どうですか？　できましたか？　余分に書けた人はプラス10点してください。100点だった人？　それ以上！　はじめよりは頭に入ったよという人！

　はい。素晴らしい。全員素晴らしい。これが「自分で学ぶ」ということです。先生は漢字の書き方は何一つ教えていませんね？　自分で考えて、自分で学んだんです。いままで先生が何もかも教えてあげていた状態とはまったく違います。君たちは、自分で学べるのです。明日からも、漢字の時間で「けテぶれ」を活用していきましょう。

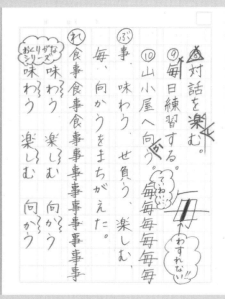

▲これは、けテぶれ導入の際に子どもたちに示したお手本です。「まずはこの型のとおりに「けテぶれ」をやってみよう」と言い、ノートのはじめのページに貼り付けました。

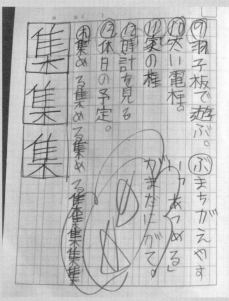

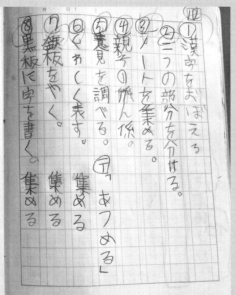

▲３年生のノートです。はじめのお手本をまねて、一文字ずつ丁寧に書けていますね。はじめはこういうノートになっていれば OK です。

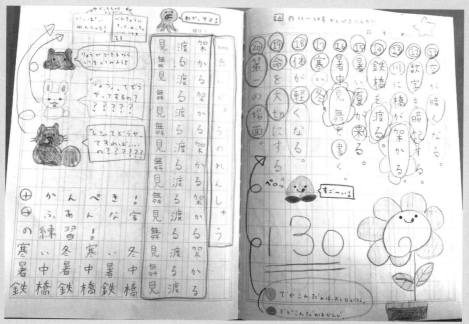

▲けテぶれが楽しくなってくると、どんどん自分なりの工夫を入れていくことができます。

▲これは、6年生のノートです。3年生でも6年生でもスタートはあまり変わりませんね。

漢字のけテぶれに少し慣れ
てきた時期のノートも紹介
します。「けテぶれを型通
りにやる」という意識から、
「自分に必要な学習に取り
組む」という意識に変わっ
ていっていることがわかる
でしょうか？

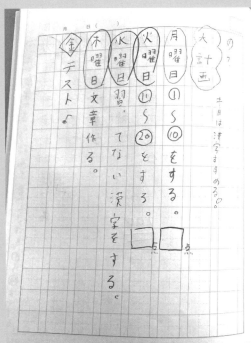

P94で紹介する「大計画」
を立てています。シンプ
ルですが、毎週大計画を
立てていくことで、習い
事の日は少し軽めにした
り、ペースを調整して、
宿題なしの日を設けたり
とたくさんの工夫ができ
るようになっています。

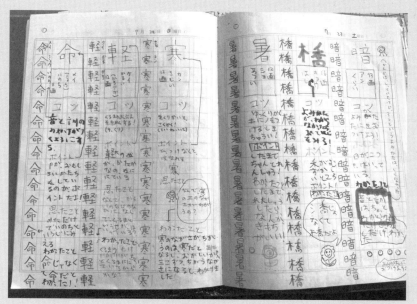

▲夏休みのノートです。2学期に学習する漢字を予習しています。

▶「ただやるだけじゃなくて、いっぱい書いて読んでみて、いいやり方を見つけないとダメだとわかった」と書いています。これこそ、けテぶれが生みたい学びです。

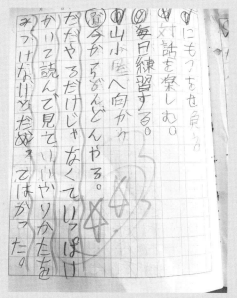

▲自分でやってみて、自分で結果を受け取り、自分で考えた末に、自分の言葉で言えることこそ、その子に深く根付く気づきになります。

漢字学習の時間を子ども自身でまわす「けテぶれタイム」に変換

☑ 漢字はもう自分で学習できる

　一度体験できれば、大体の子はけテぶれでは何をやればよいのか、理解してきます（もちろん思い出しやすいようにポイントをまとめた掲示も必要です）。もし1週間の中で「漢字の指導」に割いている時間があるのなら、その時間をけテぶれ的に学ぶ時間＝「けテぶれタイム」へと変換することができます。

　必要最低限のポイントさえ押さえれば、漢字の学習は子どもたち自身で行うことができるでしょう。けテぶれタイムが始まれば、「漢字ノートを広げてテスト範囲を確認し、その日の意気込みを書き（計画）、自分で漢字テストをしてみて、丸付けをし（テスト）、何をどう間違えたのかをはっきりさせ（分析）、次は間違わないように練習をする」。端的にいえば、このような学習を毎日繰り返すことになります。

☑ テストで合格点を取るためにけテぶれをする

　けテぶれを学びの手段として活用するためには、「目標」が必要です。〇〇のためにけテぶれをするという状況をつくれば、けテぶれは「手段」として機能し始めます。**はじめは「テストで合格点を取るためのけテぶれ」として活用するのがよいでしょう。結果が明確に出るからです。**〇〇のためにけテぶれをし、その結果がテストの点数という数値とし

てはっきりと返ってくる。この構造が、「よりよくけテぶれをまわす
にはどうすればいいか」という思考を刺激します。結果があいまいだ
と、結局自分のけテぶれはよかったのか悪かったのかわかりません。

☑ テスト日を設定しよう

　やるべきことはテスト日を設定し、子どもたちには「○日に、○ペー
ジのテストをするよ」と言うだけです。はじめは３日後や１週間後に
設定するといいでしょう。子どもたちにはテストの日までの日数を意
識させ、どんなペースでやればよいのか、見通しを立てられるように
します。３日後にテストならば、３日間のけテぶれタイムはどのよう
に使えばいいか、という思考です。**慣れてくれば、月曜日から新しい
テスト範囲に入り、金曜日にテストをする、というリズムがわかりや
すくていいでしょう。**学期末の漢字大テストなんかは１ヵ月前から予
告すると、それに向けて計画を立ててけテぶれをまわすことができる
子も出てくるはずです。

☑ 「テストの点を取るためにけテぶれ」
　　なんて意味ない？

　シンプルで明確な目標に向かってけテぶれをまわす経験をたくさん
積めば、「自分の授業中の学習の質を上げるためのけテぶれ」「自分の
一日の生活を向上させるためのけテぶれ」など、結果があいまいな目
標に向かってもけテぶれ的な思考で努力のサイクルをまわすことがで
きるようになっていきます。余談ですが、こうして努力のプロセスを
具体的な知識としてクラスで共有していると、チームワークもよくな
ります。目標に向かって何をするべきかというプロセスがブレなくな
るからです。たとえば「お楽しみ会に向けた準備」など、ある目標を
示せばチームで「じゃあまず計画を立てよう！　次にテストだ！　ひ
とまずやってみて課題を洗い出そう！」といった具合に、けテぶれと
いう共通言語が子どもたち同士の連携を支えます。

漢字学習を自主学習へ けテぶれの導入にあたって 入門期に大切な指導

☑ はじめは時間がかかる

　漢字の時間を「けテぶれタイム」へと変換すると、とくに低中学年では、いままでよりも漢字の学習時間が長く必要になることがあります。それでも**ひとまず、けテぶれタイムの目標は、「全員けテぶれを1周まわす」とするのがいいと思います**。慣れないうちから中途半端なけテぶれしか体験できないと、正確に「学びの型」を身につけることはできません。

　しかし、いつまでも漢字の学習に時間を割くわけにはいきません。**子どもたちが大体けテぶれに慣れてくれば、漢字のけテぶれタイムは、10分とか、15分とかきっぱりと決めてしまうといいです**。もし「テ」で終わってしまったのなら、次の日は「ぶ」からスタートすればいいのです。このように「けテぶれ」が数日に渡って分割されると、「今日は「け」と「テ」までやって、「ぶ」と「れ」は明日やろう」とか、テスト前は「「テ」や「ぶ」はいらないから「れ」に専念しよう」などといった調整もできるようになっていきます。

　また、宿題にも（自学ノートなど）自由に学習できる余地があるのなら、「今日は漢字のけテぶれが途中で終わってしまったから、家で最後までやろう」といった学校と家との連動も起こりやすいです。

☑️ やらせたのなら必ずフィードバックをする

けテぶれタイムで子どもたちに「けテぶれ」に挑戦させるのなら、その挑戦の後、取り組みに対してフィードバックをすることは必須です。低中学年で実施するときは、導入してから１、２週間は、けテぶれを１周まわせた子から先生のところに持って行って、チェックとアドバイスを受けることにしています。**とくに子どもたちは「丸付け」のミスを大量にしますので、それを指摘することと、独創的な取り組みを取り上げてクラスに紹介することの２つを主にやります。**

しかしこれは非常に時間がかかりますので、子どもたちがある程度自走し始めたら、活動が終わった後、ノートを回収して放課後に目を通し、翌朝返すとするなど、時間的なマネジメントは必要です。

しかし、数日、子どもたちの取り組みを放置する、といったことはおすすめできません。そのようなことが可能になるのはもっともっと実践が深まった２学期、３学期のことです。取り組みはじめの時期は形はどうあれ、一度のチャレンジにつき、毎回フィードバックがなされる、という構造は維持したいところです。

☑️ 少し慣れてくると、けテぶれを途中で適当にやめがち

慣れてくると「けテぶれ」の流れをおろそかにする子が出てきます。計画・テスト・分析・練習という過程すべての意義と方法をしっかり理解した上で、「今日は『練習』だけをする」など、けテぶれのすべての過程をやらないという選択はもちろん可ですが、そうではなく、なんとなくめんどくさいからやらないというのはいけません。

ありがちなのは、「れ」を飛ばすパターンです。とくに入門期はきっちり学びの型として、「けテぶれ」という手法を経験的に理解することが大切な期間ですので、このあたりのことについても日々のフィードバックの中できっちりと指導していきます。

けテぶれの基本サイクルを まわしまくろう！

☑ トライアンドエラーが 学びを自分ごとにしていく

けテぶれはサイクルなので、練習の後はまた計画です。

２周目のけテぶれは、１周目のけテぶれを踏まえてまわすことができるため「進んでいる感覚」を得やすいです。「前はこうだったから、今回はこうしよう」という思考がまわり、そういった思考が積み上がることでだんだん学びが「自分ごと」になっていきます。

☑ けテぶれサイクルを連続させるイメージ

●２周目以降の「計画」

前日の演習でやったことを思い出して、今日のめあてや目標を考えます。「昨日は４問正解だったから、今日は５問正解を目指す！」とか、「昨日は集中できなかったから、今日は集中力を高めてやる」とか。昨日と接続して書けるよう促します。

●２周目以降の「テスト」

本番を見据えて、２周目もすべての問題を「テスト」する、というのもいいですが、**１週目で「練習」した問題だけを「テスト」する、というのがおすすめです。**また、余力があるのなら、次のテスト範囲ま

で進めるのもよし、けテぶれが積み上がってきたら、これまでの苦手な問題をまとめてテストするのもおもしろいですね。

●2周目以降の「分析」

　計画と同じように、前日と比べて自分の変化や成長を書くことを目指すとよいでしょう。また新たに発見した得意や苦手なども忘れずにキャッチするように促します。

●2周目以降の「練習」

　2周目のけテぶれではここがおろそかになりがちです。「練習」の目的を一言で言うなら「いまよりもっと賢くなるために、学習をする」ということです。**「計画・テスト・分析」はあくまでも現状の確認に過ぎず、「練習」で初めていまよりも賢くなれるのです。**

　しかし、たとえば、もう既に100点が取れるようになってしまった子は、「練習」で何をすればいいかわかりません。ここは指導者としての環境整備が必要なところです。

　こういう子どもたちには「縦に深める、横に広げる」という2つの方向を示しています。縦に深める、とはいまの学習範囲をさらに深く学ぶという方向です。ドリルにはテストには出ない熟語がまだ紹介されていますので、それを使った文章も書けるようになるという練習が考えられます。そうやってより深く学習した＋αの内容もテストの余白に書き込めば＋10点とすると、努力が明確な結果として返ってきますのでやる気も高まります。横に広げるとは、次のテスト範囲までもう学習してしまう、という方向です。

　また、その学習の方法も工夫できるはずです。「たくさん書く」という方法を使える子は、「部首に分けて覚える」や「成り立ちを考える」など、より効率的かつ本質的な「漢字の学び方」を探究していくということもまた「いまよりも賢くなる」ためのいい方法です。

「練習」から耕していこう

☑ 学びの型としてのけテぶれ

　学びの型としてのけテぶれに慣れてきたら、学び方に関するさまざまなアイディアを子どもたちから引き出していきましょう。狙い目はけテぶれの「れ＝練習」の段階です。なぜなら練習は実質、「計画、テスト、分析の中で調べられた自分の強みや弱みに応じて適切な学習をしましょう」と言われているだけだからです。けテぶれの過程の中でもひときわ自由度が高いのです。

　けテぶれの構造はこの自由度の変化におもしろみがあります。海で喩えると、計画テスト分析は足のつく浅瀬です。そこできっちりと自分の進むべき方向や、そちらへの勢いをしっかりつけるから、足のつかないところまで泳ぎ出すことができる、というイメージです。

☑ いままでの勉強のイメージを更新しよう

　自分で考えて自分で動く。この雰囲気が一番出るのが「れ」です。苦手なところに絞って学習をしたり、絵を描いたり、語呂合わせをしたりと学習方法を工夫していくと、いままで学校で経験してきた"やらされる勉強"とは一味違った経験が積み上がっていきます。**この中から子どもたちは勉強って案外悪くないかもしれない、学ぶことはすごく自由ですごく楽しいのだ、ということを思い出していきます。**

とはいえ、けテぶれに取り組み始めたばかりの子どもたちは、学校の勉強でこんなことはやっていいのかな？　と不安でいっぱいです。そこで、教師が子どもたちの自由な取り組みに価値を見出し、教室に紹介していけば、「まねしてやってみたい！」「学校の勉強でそんなことやっていいんだ！」「自分も何かオリジナルの方法を考えたい！」といった気持ちを引き出すことができます。「型」として「けテぶれの正しいやり方」を指導する一方、「練習」からどんどん自由にやっていく。そのくらいのリズムでいいと思います。自由で楽しい勉強、というイメージで取り組めるといい流れが生まれます。

☑ 勉強のアイディアはどんどん紹介しよう

　一方、自由度が高い分、何をやればいいかわからなくなる可能性もももあります。何をやったらいいのかわからないということにならないように、計画・テスト・分析で方向を決めて、勢いをつけても、やはり「れ」でサイクルが止まってしまう子は出てきます。

　こういう状況に対して、けテぶれを実践する先生から、しばしば「子どもたちに勉強方法を教えていいか悩む」という相談を受けます。それは子どもたちが発見するべきものであり、それを教師が教えてしまうことに抵抗がある、という意識からの悩みでしょう。

　しかし僕はあまりそこにはこだわっていません。具体的なアイディアはどんどん教えてあげればいいと思っています。探究的な学習も「情報収集」から始まります。まずは情報を手に入れなければ、自分で学習法を考える、という探究は前に進みません。

　むしろ、**学び方を指導するにあたっては、教師がどれだけ学び方に関する具体的な知識を持っているか、という点が非常に重要です**。世の中には大量の「勉強法」に関する本が出ています。それらは一通り目を通しておくとよいと思います。さらに、読んだ本は教室に置いておくとよいでしょう。「学び方を学ぼう」としている子どもたちにとってもそれは有益な情報です。

けテぶれ通信を出そう

☑ やらせっぱなしはNG

　けテぶれに取り組み始めた子どもたちは何をどうすることが正しいのか、手探り状態です。ある日突然、先生が「けテぶれ！」という謎の言葉を連呼し始め、これまでただ口を開けておとなしく先生の言うことを聞いていればよかった授業時間が、いきなり「自分で考えて自分で動け！」と言われるのですから、戸惑うのも無理はありません。

　とくに導入初期には積極的に「何をやるのがいいのか」「どう考えるといいのか」といったことに関する丁寧な情報提供が必要です。

☑ はじめは丁寧に

　宿題におけるけテぶれでは、毎日けテぶれノートを回収してフィードバックを行います。授業中におけるけテぶれでは、けテぶれが1周できた子から、ノートを先生に見せてその場でフィードバックをするという方法を紹介しました。

　しかしこれは非常に時間がかかります。よってこのような方法は初期の初期に止め、けテぶれ体験をした後はノートを回収し、赤ペンでフィードバックをするというカタチに移行するのがおすすめです（けテぶれが中だるみしてきたときにイベント的に全員授業中にノートチェックをする、という機会を設けるのは効果的です）。

　※ Instagram では、子どもたちが取り組んだ実際のけテぶれノートを公開していますので、それを紹介してあげるのもいいでしょう（右頁上の QR コード参照）。

☑ けテぶれ通信を作って出す

まずは、けテぶれタイムが終わればノートを回収し、空き時間や放課後にざっと目を通して、翌日、よい取り組みを数名分紹介しながらノートを返却する、というルーティンを定着させましょう。

これに慣れてくれば、目を通した後、よい取り組みを4種類ほど写真に撮ったりスキャンしたりして、それを紹介する**「けテぶれ通信」**を作る、という取り組みに挑戦してみてください。

通信に載るということは子どもたちにとってもとてもうれしいことですし、受け取った子も実際の取り組みが写真で見られるので、まねしやすいです。また、おうちの人にとっても「けテぶれとは何か」ということがわかりやすくなります。

☑ けテぶれ指導は重いギアの自転車のよう

けテぶれ指導って大変だな…と思われるかもしれません。その印象はまったく間違っていませんし、もしかすると、いまこのページを読んで想定した大変さの数倍は大変かもしれません。子どもたちを初めて学びの海に下ろすのですから、はじめはかなり丁寧にケアをしてあげるべきなのです。ここを怠れば、泳げるはずの子も溺れて学びの海を怖がるようになってしまいます。

けテぶれ指導のとくに初期は、「楽」ではありませんが「楽しく」はあると思います。子どもたちそれぞれの工夫や努力に日々出会えるのは、本当にワクワクします。そして、子どもたちがけテぶれを理解し、活用できるようになるにつれて、子どもたちの学びはどんどん加速し、この労力はどんどん少なくなっていきます。

教師によるレクチャーをコンパクトにしつつ、子どもたちの学びが拡大していく、という状態を実現させるには、その初期に「学びの型」として「けテぶれ」という方法をいかに正しく、豊かに手渡すことができるか、という点が非常に大切なのです。※

4 けテぶれについて情報提供しよう

> # けテぶれ通信は
> # こんな感じ！

☑ けテぶれノートはここを見る！

　けテぶれ通信を作るとき、子どもたちのけテぶれ学習のどこに着目するのかということについて、必ず3点を紹介します。

① 新たな学び方を試そうとしている

　特にはじめはけテぶれの中の「れ」のアイディアについて注目し、広げるようにします。特に漢字のけテぶれでは、語呂合わせ、イラスト、言葉集め、文づくり、対義語、類義語…など様々な方法があり得ます。これを取り上げて、学び方って本当にいろいろあるのだな、いろいろ試していいのだよ、というメッセージを発します。

② 学びに対する見方考え方がポジティブに変わってきた

「勉強は楽しい！」ということを思い出してほしいというのが、けテぶれ実践の深い願いです。けテぶれをしていると子どもたちがそういうことをノートに書くことがあります。これはすかさず取り上げ、教室に紹介したいところです。

③ 自分に対する見方考え方が変わる

　例えば「自分ってこんなに集中できるんだ！」逆に「自分の学び方はすごく甘かった！」などの記述です。けテぶれをやっていると、新たな自分、本来の自分に出会う瞬間があります。これは、学習者として自立するに当たって、逃してはならない大切な機会です。

78

いつも忘れてしまうところ（■■君）

「いつも忘れてしまうところ」がわかっている、ということは、毎日の宿題で「テスト→分析」がしっかりできていると言うことだね。

明日のテストが楽しみ！（■■■■さん）

テストが楽しみ！となるのは、それだけ毎日宿題でけテぶれを頑張ってきたからだよね。「たのしい」という気持ちは、「いっしょうけんめいやったあと」に出てくるのかも知れないね。「がんばるからたのしい！」いい気づきですね。

ことばのいみ（■■■■さん）

漢字の学習は「作文でその言葉が使える」というレベルがもくひょうです。意味がわからない言葉は、書き方だけを覚えても、使えませんよね。意味がわからないときは、辞書やインターネットで調べるのが、とても大切です。

りょう！（■■君）

これはもう説明はいりませんね。まずは「りょう」学習はここからです。

子どもたちのよい学びを取り上げ、学び方のポイントを伝えます

けテぶれ交流会を
開催しよう！

☑ マネぶ体験を生む

　交流会をするととても盛り上がります。「練習」の方法以外にも、計画、テスト、分析にまで独創的なアイディアを持って取り組んでいる子がいれば最高です。

　それを次のけテぶれのときに参考にしてもらうようにして、**「交流会で他の人のよいと思うところを見つけよう。いいと思った他の人のアイディアを次のけテぶれで必ず"マネぶ"ことにしよう」と課題にします**。計画には「〇〇さんの△△という方法をまねする」と書くようにしてもらいます。

　次に、けテぶれが終わったときに、みんなの前で「誰のアイディアを使った？」と聞くと、そこで名前を挙げられた子は喜びます。人気のアイディアには、「〇〇法」など名前をつけてあげるとさらにいいですね。開発者には「あなたのアイディアはとっても人気だから、この紙にやり方をまとめてくれない？」と頼みましょう。まとめてくれたら、全員分をコピーして配付し、原本は掲示します。

☑ よいものは指導者が価値付けをする

　けテぶれ交流会が盛り上がる一つのポイントは、「本に書いてある誰か偉い人が考えた方法」ではなく、「教室の友達が考えた方法」を知

ることができる点です。情報の発信源はより身近である方が、ワクワク感が増します。

　さらにここで、教師が"科学的なエビデンス"と関連付けて子どもたちに紹介すれば効果倍増です。

　「すごい！　○○さんがやっているこの方法、実はアメリカの△△という学習心理学の博士が提唱している××という方法と同じですよ！　○○さんはこれを自分で発見しちゃった！　すごいなぁ！！世界的な研究者レベルの発見だよ！」といった具合です。

✅ コンパクトに毎日やるのもいい

　班単位での交流を毎日コンパクトにやるのもいい方法です。朝の会のメニューを編集して、けテぶれ交流の時間を5分程度捻出するなどしてみましょう。毎日やると、お互いの特徴やそれぞれの課題がわかってきますので、「○○さん、これ困っていたみたいだけど、大丈夫？」などと友達の状況を理解した上で学び合う姿が見られたり、班で連帯感が出てきて、「今日はみんなで○○ページ頑張ろう！」など、班の中でルールや目標ができてきたりすることもあります。

　また、日々のけテぶれタイムのはじめの5分はけテぶれ交流をする、とするのもいいかもしれません。友達の取り組みを見てから、その日の自分の計画を考えるという流れです。まねしたい方法を知った直後に実践するので、新たなことにチャレンジしやすく、学習の可能性を広げられます。

　このような交流の機会は、単に「学び方を学ぶ」という目的のためのみに作用するのではなく、**学級の子どもたちの関係性をよくする、という意味でも非常に効果的だと感じています。**初対面の人が、たまたま自分とスポーツをやっていたら、盛り上がって少し仲良くなれる気がしますよね。そんな感覚です。みんな「けテぶれ」というスポーツに取り組んでいるのですから、悩みやコツを話し合えば自然と楽しくなってきます。

「学び方の基準」を
子どもたちと共有しよう

☑ 何でもありというだけの環境はダレてくる

　自由な学びはたしかに楽しいものではありますが、いつまでも何でもあり、だとだんだんダレてきます。けテぶれ実践者のお悩みでも「マンネリ化」はよく聞くところです。けテぶれに慣れていくに従って「何でもありの環境」から、「何が自分にとってもっともよいのだろう」という問いを持ちながら、よりよい学び方について探究していくような意識を持たせていくことが大切です。

　そのための「自由」です。徹底的に自由にやれるからこそ、幅広い試行錯誤ができます。試行錯誤の幅が広ければ広いほど、よりさまざまな可能性を試すことができます。何でもありの**自由な環境は、「自分にとってよりよい学び方を見つける」という目的地に到達するための手段なのです。**ここを見誤り、ただ自由にやってみなさい、何でもいいですよ、というメッセージだけが先行してしまうと、子どもたちは何のために頑張ればいいのかを見失い、自由な学びは失速します。

☑ 学び方の基準を示そう

　学びの型としてのけテぶれに慣れ、その自由度も楽しめるようになってきたタイミングで、P35 にあるような「けテぶれルーブリック」を子どもたちに紹介してみましょう。導入初期ではまだこのような詳

細な表は理解できない可能性が高いですので、だいたいけテぶれとは何をすることなのか、ということが感覚的にわかってきた段階で導入するといいと思います。ルーブリックのデザインは、Twitter 上にたくさん投稿されていますので、ぜひ検索してみてください。

　下の図は、ルーブリックとはまた別のデザインです。『学習評価の在り方ハンドブック　小・中学校編』（文部科学省　国立教育政策研究所教育課程研究センター、令和元年）で「主体的に学習に取り組む態度の評価」の文脈で示された図を、筆者がより詳しくしたものです。

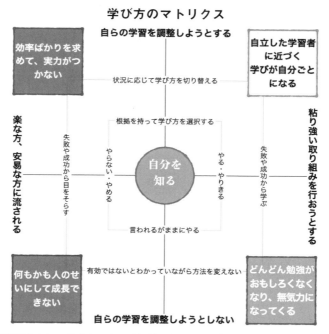

学び方のマトリクス

学習評価とは、教師による他者評価と子ども自身による自己評価を両輪としてはじめて正しく機能します。「主体的に学習に取り組む態度」を教師が評価するなら、子どもたちもまた、自分の態度を自己評価できるようにしてあげるべきなのです。本質的なマンネリ化の対策とはこのように、子どもたちを徹底的に学びの主体者にしようとすることで実現されます。

5 マンネリ化を防ぐために

学習力を可視化しよう

☑ 「学習力」の蓄積を可視化する ～学習力ポイント～

　「学力」はテストの点数として目に見えるのでわかりやすいのですが、「学習力」、つまり自分で自分の学習を進める力は、何も手立てを打たないと目に見えないままです。けテぶれ学習のマンネリ化の原因は、ここにあります。テストの点数は目に見えて上がっていくので、それを体験できる子はどんどんやる気になっていきますが、はじめから点数の高い子や、逆に学習をしても点数が伸びない子は、けテぶれをどれほど頑張ってもテストの点という「目に見える数字」が変わらないので、どんどん失速していくのです。

　学習力の可視化とは、その目に見えない「学習力」を見えるようにするために、シートの評価をポイント化して、それに応じてマラソンカードのようなものに色を塗っていったり、またシールを配付したり、といった取り組みです。これをすることで、いままで目に見えなかった学習力が見えるようになりますので、いま自分はどの程度の学習力があるのか、今日の学習を通して自分の学習力はどのくらい向上したのか、といったことがわかるようになります。こうすることで、たとえテストの点が悪くても学習力は確実に伸びているという実感や、逆にテストの点がいいからとあぐらをかいていたら「学習力」がまった

84

く伸びていないという気づきを生むことができます。

☑ 運用の方法

　まず、準備物として、ポイントを記録する場所をつくります。僕の場合はB5の紙に10×10のマスを印刷して、画用紙に貼っています。

　次に、具体的な運用の方法についてです。けテぶれ実践では、けテぶれに取り組んだ子どもたちのノートやプリントを回収し、教師がチェックをし、通信を作り、返却する…といったサイクルを確立することが大切だと述べてきました。ここに一工夫入れるだけで、ポイント制もすぐに導入できます。教師のチェックをただ全部に花丸をするだけでなく、取り組みの質を3段階ほどで簡単にフィードバックするようにするのです。僕の場合は、星の数で表していました。「☆…いい取り組みだね！　☆☆…通信に載せるために写真を撮ったよ！　☆☆☆…激レア！　クラスの学びに新しい視点を与えてくれたね」といった具合です。子どもたちは返却されたノートやプリントに付いている星の数を数えて、ポイントの数だけ色を塗ったり、シールを貼ったりして記録します。

☑ ポイント制は導入初期にとくにおすすめ

　このポイント制は、外発的動機付けとしてもかなり強力に働きます。とくにけテぶれの導入初期は、まだ子どもたちは学びの本質的な楽しさがわからない状態ですので、そういう段階では、この外発的な動機付けが有効です。

　一見幼稚な仕組みのように思えますが、このポイントはまさに自分の「学習力」と結び付いており、「学習力」とは自分の人生を輝かせるために大変大切な力である。という認識があれば、そのポイントの蓄積には大きな意義が生まれます。

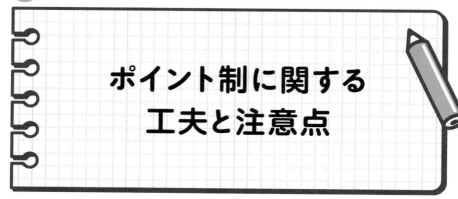

☑ ポイント制に関する工夫

　このポイント制は、単純なシステムであるがゆえに、いろいろと工夫を加えることもできます。たとえば、週ごとに塗る色を変えれば、週ごとに学習力が高まるペースがわかるので、その週に何があったのかを日々のけテぶれシートを振り返って思い出すことで、自分の学習力が高まるための条件を導き出すことができるかもしれません。

☑ ポイント制に関する注意点①形骸化する

　ポイント制は導入から３ヵ月ほどは非常に強力に作用しますが、その効果はどんどんと薄れていきます。単純にシールを貼ったり色を塗ったりするのが面倒くさくなってくる子も出てきますし、いくら学習力と紐付いているからといって、所詮はシールや色塗りなので、飽きてくる子も出てきます。

　こういう現象に対して、貯まったポイントに応じて「おかわり券」などさらにご褒美を設定する、といった方法はあまり本質的ではありません。外発的な動機付けを外発的な動機付けで釣るといった構造になってしまうからです。

　僕の場合は明確に「終わり」を設けることで、この問題に対処しています。具体的には1000ポイント貯まったら、卒業！　といった

感じです。どの程度のポイントをゴールにするかは、それぞれの学級での取り組みに応じて違ってくるとは思いますが、このようなポイント制は、そもそも長続きしないと割り切って、美味しいところだけを食べるという考え方です。

☑ 注意点②「けテぶれ」にうまく乗れない子たちがつらくなる

　けテぶれによる自己学習力の向上を目標にアツくなればなるほど、そういう学びに乗っていけない子の居心地がどんどん悪くなってしまいます。さらにそこに「学習力」がシールやポイントとして可視化されてしまえば、そういう子たちにとっては非常につらい制度となってしまう危険性があるのです。

　けテぶれは、どんな子どもたちにも必要であると確信できるからこそ、全員に「強制」するわけですが、他方、別にけテぶれができないからといって人生が終わり、というわけでは決してありませんよね。実際、僕が受け持つクラスの中でも毎年何人かは「まったくけテぶれになんて見向きもしない子」がいます。でもそれはそれでまったく問題ではありません。その子がその子として、クラスの中で、その子の良さを表現し、みんなと豊かな時間を過ごすことができる、というのが最優先です（この状態が確立できれば、「じゃあ、ちょっとはけテぶれでも頑張ってみようかな」と動き出す子も毎年何人もいます）。

　僕はこういうとき「ゆるアツ」という言葉を使います。目標に向かってアツくなるのはとても素晴らしいことですが、その前に、前提として、「あなたは、あなたであることがもっとも素敵だよ」という風土の中で自分らしく過ごせる「ゆるい」雰囲気をつくることをとても大切にしています。これは「けテぶれ」という実践を包むさらに大きな考え方になります。これが「前提」となってのけテぶれです。

　Twitter で「#ゆるアツ」というタグを検索していただけると、これに関する僕の考えや方針を見ることができます。

やらない子、できない子への関わり方

☑ 気になる子がいるからこそ「けテぶれ」を

　学力面や生活面、態度面など、「気になる子」というのは、どのクラスにもいます。そういう子たちがどう反応するかわからないので、けテぶれのような子どもたちに任せる実践には、二の足を踏んでしまう、というお悩みを聞くことも多いです。しかし、僕の感覚としては、そういう子たちがいるのなら、なおさら、けテぶれ的な環境を整えてあげてほしい、と思います。なぜなら、本書で提案する学びの場とは、子どもたち一人ひとりが「自分なりの学び方、ひいては生き方」を実現していこうとするような場だからです。こう書くと、いままでの学校の文化や授業のペースなどに居心地の悪さを感じている子ほど、状況が改善する可能性が高いと思いませんか？

　実際に、勉強が苦手だったのに、とっても得意になったという声や、学校は嫌いだったけれど大好きになったという声は、毎年本当に多く聞かせていただいています。そういう「気になる子」に対する僕なりの関わり方・考え方を紹介します。

☑ まずその子の状況に100%の理解を示す

　その子たちそれぞれに、いまその状況になっている原因や、背景があります。まずはそこを徹底的に理解しようとし、さまざまな要因の

結果としていまの状態になっているということに深く理解を示すことが大切です。そこを飛ばして、学校のルールや指導者の意図にその子を押し込もうとすると、その後のあらゆる働きかけはうまくいきません。それとは正反対に、「その子が、その子らしく、学級の中で生活できるようなあり方をその子と一緒に模索する」ことが求められます。

　たとえば過去に担任した子には、「習い事で忙殺されており、学校に来ても学ぶ意欲なんてまったくわかない」という子がいました。それが先生や周りの友達になかなか理解されず、注意されてばかりで、だんだん歯車が狂っていき、学校での態度がとても荒れてしまっていました。その子に対して僕は、状況への理解を示した上で、「周りの子のじゃまにならないことだったら、何をしていてもいい」とし、その子なりの学級での過ごし方を一緒に模索していきました。

　そこからの関わりについてはとてもここでは説明しきれませんが、結果としてその子は、どの授業にも積極的に参加し、周りの友達と関わり合いながらクラスで楽しく過ごせるようになりました。

☑ 「やってみよう」と思える環境を磨く

　けテぶれ実践に関わらず、教育における大前提として、教師がその子を「変える」ことなど全く不可能であり、その子が変わるのは、その子が変わろうとしたから、という以外にありません。教師はひたすら“待つ”のでもなく、やってみようと思える環境を徹底的に磨き上げ、その中で日々変化するその子の「いま」を理解しようとすることが大切だ、と思っています（もちろん指導と支援は徹底的にやった上で）。

　やってみようと思える環境とは、クラスの大部分の子が生き生きと学び合い、切磋琢磨する環境、ということです。その中でも「できない」「やらない」子はいます。でも、ある日の「できない」も「やらない」は、次の日の「できない」「やらない」とはまた違うはずなのです。その違いに関心を持ち、変化の要因を考え、ときにはその子と一緒に話してみる。そういうことを積み重ねるしかないのだと思います。

やらない子、できない子 すべての子に「ゆるアツ」 に関わる

☑ ゆるアツのバランスを整えよう

　僕の学級経営は「ゆるアツ」です。ゆるくてアツい。学級経営においては子どもたちの内側にもっているステキな面を出せる環境を作ることと、子どもたちの外側にある価値を確実に一人ひとりに受け取らせることの両方が求められます。前者だけでは子どもたちの成長は鈍ってしまうし、後者だけだと子どもたちは仮面を被り、本質を内側に隠してしまいます。

　子どもたちが自分らしくいられるように、自分の外側のルールに縛られて身動きが取れなくならないように、学級の中で自分の色を出せるように、ゆるく。その中で自分の行動に責任を持って、失敗と成功を受け取り、解釈し、次の一歩を確実に踏み出せるように、アツく。

　前のページでは学力面や生活面、態度面などの「気になる子」について書きましたが、とくにそういう子たちに特別に対応しているわけではなく、全員に対してそういう眼差しを向けている、ということは言うまでもありません。

　子どもたちの「いま」を徹底的に理解しようとし、子どもたちと共に素の姿でゆるく響き合うと同時に、クラスの誰よりも深く広く子どもたちの学びや成長について考え、アツく語る。そうやってはじめて教室は「学びの場」となるのだと思います。

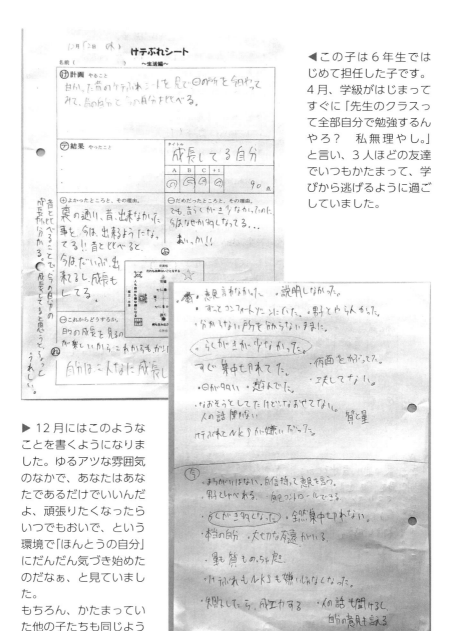

▶ この子は6年生では
じめて担任した子です。
4月、学級がはじまって
すぐに「先生のクラスっ
て全部自分で勉強するん
やろ？　私無理やし。」
と言い、3人ほどの友達
でいつもかたまって、学
びから逃げるように過ご
していました。

▶ 12月にはこのような
ことを書くようになりま
した。ゆるアツな雰囲気
のなかで、あなたはあな
たであるだけでいいんだ
よ、頑張りたくなったら
いつでもおいで、という
環境で「ほんとうの自分」
にだんだん気づき始めた
のだなぁ、と見ていまし
た。
もちろん、かたまってい
た他の子たちも同じよう
に変化していきました。

大サイクルを 意識してみよう

☑ 大サイクルとは

　大サイクルとは、「【大計画】大テストまでの学習計画を立てる」「【大テスト】学校でテストを受ける」「【大分析】その結果を学習過程と一緒に分析する」という、中長期の大きなサイクルです（P41 図）。

　これができると、中高生になったときの中間期末テストや、受験、模試といった少し先の目標に向かって学習を積み上げていく、という感覚を養うことができます。中１ギャップの解消にも非常に有効です。

　毎日けテぶれにだんだん慣れてくれば、意識してみましょう。早ければ導入後１ヵ月前後で挑戦できると思います。

☑ 「大計画」も何度も繰り返して上手になる

　大計画とは、大テストの日に向けて自分の学習計画を立てるという過程です。中学生になったら学校で学習計画を立てるという時間があるところも多いですが、けテぶれにおける「大計画」はそれとまったく質は変わりません。１週間のコンパクトな学習計画を立て、実行し、結果と併せて「大計画」の質も振り返る、ということを毎週繰り返せば、だんだん上手になります。「学習範囲は早めに終わらせて、テスト前に復習する」「休憩の日をつくる」といった工夫ができるように指導していきます。

☑ 「大テスト」は最大の力試し

　けテぶれにおける「大テスト」とは「学校でテストを受ける」ということです。週末の漢字小テストもこれにあたります。「テスト」は、けテぶれサイクルの中で自分でテストを行うこと。「けテぶれ」をしっかりとまわしてきた子どもたちが放つテスト時の雰囲気は、いままでのテストの雰囲気とまったく異なります。いままでのテストとはただ「受けさせられるもの」という位置付けです。なぜなら、そのテストに向かうための勉強が「やらされるもの」だからです。

　しかし、演習時間でけテぶれを「自分で」まわし、自分で乗り越えようとしてきた子どもたちにとっての「テスト」はもう受けさせられるものではなくなっています。自分の学習がどうだったのか、努力の成果を試す場所になるのです。これは子どもたちが学びを自分ごとにしていくための大切な一歩だと思っています。

　たかが漢字や算数の小テスト1枚に緊張感を持ち挑む姿が見られます。こういう姿が見られたら、けテぶれがうまくいっている証拠です。

☑ 「大分析」はけテぶれのクライマックス

　大分析とは、テストの結果から自分の学び方を振り返ることをいいます。テストで合格点を取るためにけテぶれをまわしたのなら、その結果が出た瞬間こそ、自分のけテぶれがしっかり機能していたかがわかる瞬間です。だからこそ、子どもたちは緊張するのです。そして結果が出たその瞬間こそ、「大分析」のチャンスです。

　一通り友達と悲喜交交の感情を交わした後は、おしゃべり一切なしの徹底的な自己省察の時間とします。ノートを開き、今回の結果を徹底的に分析して、文字にして捕まえます。聞こえてくるのは、鉛筆の音と、ノートのページをめくる音だけ。これが大分析の雰囲気です。**この時間にこそけテぶれで生み出したい「学び方についての学び」が大量に生まれます。**

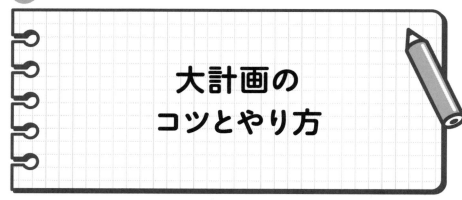

大計画の
コツとやり方

☑ 月曜日を「大計画の日」としてみよう

　P69で紹介したように、月曜日から新しい学習範囲に入り、週末に小テストをするというリズムでけテぶれ学習を行っている場合なら、月曜日は「大計画の日」とするのもおもしろいです。週末のテストに向けて、毎日どのように学習を進めていこうか、ということを考え、計画を立てます。班の形にして友達と話しながら立案できるようにすると、友達同士で「じゃあ木曜日はお互いに問題を出し合う日にしよう」などといった計画も立てることができます。

☑ 宿題でも「けテぶれ」ができれば…

　このとき、宿題にも「けテぶれ」をやれる余地があるのなら、学校と宿題の両方でどのように学習を進めるかの計画を立てることができます。すると、家と学校の学習環境の違いに応じて学習内容や方法を使い分けるような思考も促すことが可能となります。また、計画を前倒しにして学習を進めれば、自分の判断で、根拠を持って「今日は宿題はナシ」と判断することもできるようになります。

☑ 漢字けテぶれのリズムの取り方

　ドリルには20問くらいのテストページがあります。そこがけテぶ

れ学習の対象になります。基本的には、月曜日に新しい範囲に進み、金曜日にテストをする、というリズムで進めます。書き込み式で進出漢字を練習するページは、基本的にはテスト範囲が進むのに合わせて自分で進めます。導入初期は、毎日必ず1周はけテぶれをまわせるようにするといいでしょう。けテぶれの習得と習慣化が目的です。

すぐに100点が取れる子には、新出漢字を使った別の熟語を調べて、それで1文作ることができたら、プラス10点、熟語ではなく、新出漢字を使った故事成語やことわざが書けたらプラス20点、それらを使って文を作ればプラス30点、など、100点以上が取れる仕組みをつくり、どこまでも上にチャレンジできるようにしてあげましょう。学校の漢字学習時間でけテぶれしているなら、上位層の子たちが調べた熟語やことわざを交流し合って、学び合う姿が見られます。

子どもたちが、**「間違うことはこわくない、間違いは分析練習をすることで、勉強を進めることができる」**と理解が深まり始める2学期くらいからは、学習のペースを上げ、全小テストを2周できるように計画するのも効果的です。

1周目はテストまでに学習が間に合わなくとも、2周目があるので、そちらで取り戻せます。1周目で間違えた字をチェックしておけば、2周目はより効率的に学習を進めることができます。子どもたちはドリルや教科書の問題は1度解いたらもうおしまいという意識を持っている場合が多いです。しかし学習とはそうではありません。1度目で間違えたところ、苦手なところは、2度、3度と繰り返し学習することで定着させていきます。その意識を養うためにテストを2周することは有効です。

このように漢字学習のシステムを明確にしておけば、「大計画」によって、そのシステムの中をどう動こうか、と考えることができます。

さらに発展させれば、漢字以外の学習もOKとしたり、逆に「休け」いの日を取るのもOKとすると、さらに計画の重要性が強調されます。

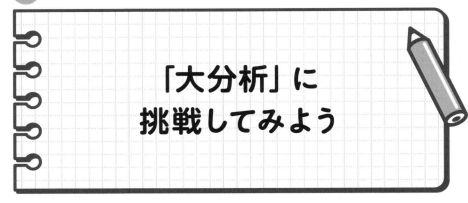

「大分析」に
挑戦してみよう

☑ 大分析では「学力」と「学習力」を分けて考えよう

　大分析とは、テストの結果を受けて、自分の学習の質を分析することをいいます。小サイクルでの分析は、どこがわかっていないのか、もっと間違いを減らすにはどうすればいいのかという「学力」的視点で自分の学習を見ます。それに対して**大サイクルでの大分析は、どのように学習してきたか、よりよく学ぶにはどうすればいいかという「学習力」を高める視点で自分の学習を見ます。**

　けテぶれでやりたいのは「学習力」をつけること。それを鍛えるために「学力」の向上を目指すのです。点数に一喜一憂するのはとても大切ですが、それだけで終わってはいけません。感情はエネルギーです。エネルギーは使わなければ変な方向に流れてしまいかねません。どこに使うか。「学習力の分析」に使うのです。

　なぜうまくいったか、なぜうまくいかなかったか、これを徹底的に考えて、次につなぐ。その時間の最後には、教師の語りをします。この単元で生まれた学びは何か。失敗は何か。次の単元では何をどう意識するべきか。こういうことを徹底的に考えることに全力を注ぎましょう。

☑ できる・できないではなく、 やったかやらなかったか

　コツは、**失敗と成功の両方から「よりよく学ぶための情報」を抜き出すこと**です。学習の結果「できた」のなら、その結果につながった学習法は自分にとって有効であるということですから、何がどうよかったのかを分析すれば、さらにいい方法へと発展させられます。「できなかった」のなら、有効ではない学習の方法であったということですので、詳しく分析することで別の方法を考案することができます。一生懸命「やった」のなら、結果はどうあれ、そこから学ぶことはあるのです。

　一方「やらなかった」のなら、その経験をいくら分析しても「やればよかった」から先に進めません。この関係性を子どもたちに説明するために示すのが以下の図です。

　この図を子どもたちに示し、今回の自分はA〜Dのどれかな？　という問いかけから、大分析に入っていきます。

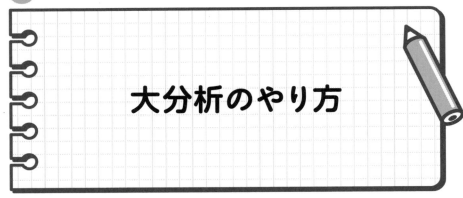

☑ テストは素早く返却しよう

　大分析の前に、指導者としてやらなければならないことがあります。**それは「できるだけ早くテストを返す」ということです。**一生懸命努力して臨んだテストも、それが直後に返されるのか１週間後に返却されるのかでは、大分析のための思考の働き方に雲泥の差が出ます。

　その日あった衝撃的な出来事も、次の日になったらケロッと忘れてしまうこともあるほどのスピードで、子どもたちの思考や生活は新陳代謝をしています。

　テストのタイミングがわずかでも遅れてしまえば、鮮度はガタ落ちになってしまうのですね。**僕の場合は小テスト、単元末テスト共に、提出してきた子から採点を開始し、最後の子が終わるまでには全員分の採点が終わっているように、最大集中して丸付けをしています。**それだけ、即時返却を心がけているということです。

☑ 大分析はテストが返却された直後に行う

　テスト返却時は子どもたちの感情が大きく動く瞬間です。テスト返しのときは静かに、という指導も悪くはないと思いますが、個人的にはこの瞬間は素直に感情を表現させてあげたいと思っています。その感情のエネルギーが、後の大分析での思考の力に変わると思っている

からです。その後は徹底的な振り返りを行います。P131のようなシートを活用してもいいですし、ノートに書いてもいいです。

☑ 大分析のポイント

大分析の記述をより具体的にするためにおすすめなのが「間違い分類」です。「△：わかっていたのに間違えた、×：わからなかった、□：時間切れ」この3種類でテスト用紙に印を入れながら分類していくと、△なら見直し、×ならけテぶれの質に問題がある、□ならけテぶれの量が足りない。と、間違いの種類に応じて原因を考えることができます。

そして大切なのは、「書く」ことです。思考は文字にすることで捕まえることができます。文章になってなくてもいい、はじめは箇条書きでもいいです。徹底的に「書く」ことを求めてください。

時間は最低でも15分は必要でしょう。深まってくれば、テスト返しと大分析で1時間まるごと確保することをおすすめします。大分析とはそれほど大切な時間なのです。

☑ 大分析のときは子どもの学びについて必ず語る

大分析のときには、子どもたちが自分自身に力いっぱい向き合っているときです。だからこそ、ここで、各自の挑戦の素晴しさ、自分で学ぶことの意味を教師からしっかり語り、学びの大事さをしっかり意味付けしたいものです。

語りのタイミングは、大分析の前、大分析中に一度顔を挙げさせて、大分析が終わったとき、といろいろあると思います。そのときの雰囲気や、テストの結果に合わせて調節すればいいと思います。

しかし、「語らない」のはNGです。子どもたちの感情と思考が大きく動くこの瞬間ほど、教師による語りが響く瞬間はないからです。徹底的に考え、徹底的に研ぎ澄まし、徹底的に目の前の子どもたちに即した語りを力いっぱいしましょう。

テスト後の語り「自分で考え自分で学ぶ力をつけよう」

　テスト後にはこんな語りをして、学ぶことの意味を伝えると効果的です。

　「いま受け取ったテストの点数は、すべて自分でつかみ取った点数です。先生は授業中も、宿題の中でも、全員に対して説明をしたことはなかったよね。全員が「けテぶれ」を使って、自分で学んだ結果をいま受け取っているんだよ。

　先生に質問をした人も、それは自分で先生に尋ねて、アドバイスをもらったよね。**あなたが、先生から情報を引き出したんだよ。友達との関係でも同じだね。「あなた」が動いたから「あなたが」成長できたんだ。それがいまの点数。**いままでのように、先生に一から十まで教えてもらって「取らせてもらった」点数とはまったく意味が違うんだ。

　さて、将来君たちが立派な大人になるために大切なのはどっちの経験だろう。やさしい大人に、手を動かしてもらって、100点を取らせてもらうことかな。それとも自分で考えて自分で動いて、自分の力で点数を取ることかな。

　いままでテストの後って何を考えていた？　間違えちゃった人は「正しい答えは何だろう？」と考えるし「100点」だった人は、やったー！　で終わりだよね。その後先生から「正しい答え」を教えてもらって終了だ。ここで身についているのは「問題に正しく答える力」だ。

　でもどうだろう。大分析をやっているとき、君たちは何を考えてい

る？　「正しい答えは何だろう？」のさらに奥までいってないかい？　つまり「自分の勉強のどこがよくてどこが悪かったから、いまの点数になったのだろう？」という思考だ。ここで身についているのは何かな？　それは「自分で考え自分で学ぶ力」だ。

　さて、「問題に正しく答える力」と「自分で考え自分で学ぶ力」。どちらが大切なのだろう？　**先生は「問題に正しく答える力」のことを「学力」、「自分で考え自分で学ぶ力」のことを「学習力」と呼んでいるよね。どちらが君の人生を支える力になる可能性が高いだろうか？**

　もし「学習力」を超ハイレベルで身につけていったら、「学力」は自分で高められると思わないかい？　小学校の勉強はこの世界の超基本的な内容だから、小学校のうちで学習する内容が頭にちゃんと入っているという「学力」を高めることももちろん大切だ。その「学力」は、先生に高めてもらうのではなくて、自分で高めようとすれば「学力」を身につけていきながら同時に「学習力」も伸ばしていけるんだよ。

　この教室で、先生はそんな「学習力」についてのアドバイスを大量にする。「算数」の勉強を徹底的にやっても、ダンサーになる人は分数の計算は将来しなくていいかもしれない。でもね、ダンサーになる人も「学習力」は使うんだよ。学習力は自分で自分を成長させる力のことなのだから、君たちが将来どんな分野に進もうとも、必ず役に立つ力なんだ。**もっと言うと「自分で考え、自分で動き、自分で結果を受け止める」というのは、大人としての基本だ。**

　わかったかな？　**だからこそ、けテぶれを君たちに教えたんだ。君たちの一生を支える力をつけるために。先生は冗談抜きでその未来を見ている。**君たちが自分の力で自分の人生を切り開いていけるように。君たちには無限の可能性があるとよく言われるよね。でもね、自分の考えを自分でまとめる方法、自分で自分を成長させる方法がわからなければ、その可能性を活かすことができない。だからこそ君たちは「学力」をつけるために自分で考え、自分で学ぼうとしてほしい。その中で君たちの一生を支える「学習力」を身につけるために」

全面的に自由な空間で、自分で自分を管理する

　「自分で考え、自分でやってみるけテぶれサイクル」を最大限に保証するために必要なものは何か。それが"自由"です。一から十まで先生の指示と意図通りに振る舞わなければならないような過度に管理された空間では自分で考えることも自分でやってみることもできませんよね。子どもたちの自己選択を許容する"自由"な学習空間が必要不可欠なのです。

　極論、算数の時間に国語をやってもいい。勉強をやらなくてもいい。すべての選択が許容される空間。そこまでの全面的な自由の中に放り込まれることではじめて、子どもたちは誰にも管理されない本当の自分に出会い、「自分で自分を管理する必要性」を感じるのです。

　そしてその必要性を感じたとき、子どもたちは自分で自分を前に進める方法「けテぶれ」を知っている。この状況をつくることで、子どもたちは一歩一歩自分の力で全面的に自由な学びの海を自分の力で進み始めます。子どもたちの本当の学びはここからはじまるのだと思います。

　もちろんはじめからこのような大きな自由を扱えるはずがありません。だからはじめは短く15分程度、そこからだんだん時間を長くしていき、その中で取れる選択肢の幅も広げていきます。でも、最終的にはこのような自由度を見据えてみてください。

　クラスの子どもたちはよく「自由って難しい」と言います。先生が何もかも管理し、その管理に従い、文句を言っているだけの方がよっぽど楽なのです。でもそんなの楽しくないですよね。子どもたちを「誰かに楽しませてもらえないと、何も楽しめない」という状態のまま、卒業させてしまっていいのでしょうか。

　そうならないために大切なのが「自由を受け取る練習」です。大きな自由の中で自分と向き合い、自分で自分の時間を充実させられるようになることがとても大切です。そのための「自由」なのです。

第2章

ステップ！

算数授業に
けテぶれを導入する

算数の演習時間で「けテぶれタイム」をつくってみよう

☑ 漢字と並行してはじめてOK

　漢字の学習で何となく子どもたちが「けテぶれ」を理解できてきたなと感じられたタイミングで、算数の時間にけテぶれタイムを導入していきましょう（P44の図を参照）。漢字で完璧にけテぶれができるようになってから、としなくてもいいと思います。けテぶれを習得するには大量の経験がいるので、漢字である程度慣れて、算数でもできそうだな、と思った瞬間に取り組み始め、漢字と算数の両方で経験値を溜めていくことをおすすめします。

☑ いままでの算数の演習時間って…

　どこに「けテぶれタイム」を設定するかといえば「演習」の時間です。教科書やドリルの問題、または学習プリントを解く、というタイミングがありますよね。そこをすべて「けテぶれタイム」とするのです。

　いままでは、問題は問いて終わり、丸付けは先生もしくは教室全体で「〇〇の答えは〇〇です、いいですか？」「いいです」なんていう形で行われることが多かったのではないでしょうか。けテぶれの視点でそれを見ると、計画はなし、テストはやるだけで丸付けは自分でしない、分析練習もなし、という状態です。これではとても「学習活動」とは呼べません。

☑ 演習の時間をけテぶれタイムに変換!

　授業時間の後半 15 分〜 20 分くらいを演習の時間として確保し、その時間で学習すべき範囲を指定して、「このページの問題を、けテぶれで完璧にしよう!」とします。具体的には、計画で意気込みや目標を書き、テストで問題を問いて自分で丸付け、分析で間違えてしまったところの原因を考え、練習でそれを乗り越えられるような学習をする、となります。従来の演習時間にくらべてやることが多くなりますので、問題数は絞ってあげるといいでしょう（たとえば、各大問の 1 問目だけをやり、間違えた問題だけ、「れ」として 2 問目以降をやるなど）。

　教科書の問題に取り組む場合は、答えをプリントにして配付するなど、自分で丸付けができるようにしてあげてください。

　取り組みはじめの時期は、一人ひとりが静かに「けテぶれ」の流れで学習を進める、といった雰囲気になると思います。

☑ けテぶれタイムの後は即フィードバック

　やらせっぱなしの活動は必ず形骸化します。子どもたちの学ぶ姿を見て、よかったところ、もう少しだったこと、次の活動への注意点など、気づいたことはどんどんフィードバックしていきましょう。これは学習後の先生チェックだけではなく、学習中にもどんどん行います。**とくに導入期はこまめなフィードバックが有効です。** どうすればいいか迷っている子も多いと思いますので、**よくできている子を見つけては、その取り組みをクラスに紹介するということをたくさんしてあげましょう。** 子どもたちのどういう姿を取り上げればいいかわからない場合は、P35 のけテぶれルーブリックや、P83 で示した図を参考にしてください。授業の最後には活動を総括するようなフィードバックを 3 分ほどで簡潔に行いましょう。

大テストを 活用しよう
〜少し遠くの目標に向かって〜

☑ 少し遠くにテスト日を設定しよう

　漢字のときと同じように、テスト日を設定することで、けテぶれを学びの道具として認識させていきます。子どもたちにはテストを行う日と範囲を伝えておき、日々のけテぶれタイムではそれを意識したけテぶれを行わせます。はじめは3日〜1週間後にテストをする、といった短いサイクルにするといいでしょう（ドリルに付属しているテストプリントなどがあれば便利です）。

　最終的には「単元末テスト」に向けてけテぶれを行う、という大きなサイクルになります。単元末テストの日だけは予告しておき、こまめに抜き打ちで教師が用意したミニテストを行うのも大変有効です。けテぶれの「テ」では自分で自分をテストしながら現時点での到達度を測ろうとしますので、やっていることは「小テスト」と変わりありませんが、やはり抜き打ちで、全員一緒にやると、自分テストでは見つからなかった新たな発見もあるものです。

☑ 一斉授業とけテぶれタイムのバランスをとる

　授業時間は、教師主導の一斉授業と、けテぶれタイムのバランスがよくなるように調整します。指導が長すぎて、けテぶれタイムが十分に確保されなければ、テストをしても「時間がなかった」という原因

にしか行き着きません。逆に、いきなり一斉授業をゼロにしてしまえば、テストに失敗したとき、「先生が教えてくれなかった」という思考になってしまうでしょう。**単元進行に合わせて、序盤は教師による一斉指導を多めに行い、徐々にけテぶれタイムの時間を長くしていくといったデザインがいいでしょう。**そうすれば、単元末の1時間などはまるごとけテぶれタイムとして設定することも可能でしょう。**忘れてはいけないのは、「丁寧な指導の先に子どもたちの学習者としての自立を見据える」ということです。**いつまでも手取り足取りの学習では、いつまでも子どもたちは自立できません。

✅ いずれ、テストで点を取る程度の学習は「自動操縦」になる

　算数科におけるけテぶれタイムの運用は基本的には漢字と同じですが、違いはその展開可能性です。算数科におけるけテぶれタイムは、1時間まるごと、単元まるごと、教科学習まるごとを覆い尽くすほどまで拡大することができます。

　教科書に載っているレベルの知識技能を獲得するための学習、言い換えれば、テストで点を取るという程度のレベルに到達するための学習はすべて自動操縦モードまで持っていけるということです。

　深く教科の見方考え方を身につけるための指導や、クラス全員で問いを共有し議論するタイミングは必要に応じて組み込めばいい。単元終盤、ある程度学習内容が定着した時点で、主発問レベルの問いかけをする時間を設定するといいでしょう。そういう深い学習も、基本的な知識技能の獲得を自分ごととして一生懸命目指してきた子たちがやるのと、それすらも教師のお膳立てのもと、言われるがままに流されてきた子どもたちがやるのでは、学習の質に大きな違いが出ます。

　教師も毎回毎回授業展開を考える必要はなくなり、深い教材研究に集中することができるようになります。基本的に自動進行する子どもたちの学びをよく見て、必要なときに必要な指導をすればいいのです。

抜き打ちテストを やるときの展開例
～けテぶれを学ぶための道具と捉える～

☑ テストからはじめると宣言する（4分）

昨日のけテぶれで本当に学習ができたかどうか、いまからテストをします。（えー！）

ちょっと勉強の時間ほしい？　（ほしい！）

いいでしょう。では 10 分あげます。

ところで「勉強」って何をすることでしたか？

けテぶれ！　（けテぶれの画像を出す）

そうです。いまからの勉強時間も「けテぶれ」でやってください。

✅ けテぶれタイム（10分〜15分）←子どもたちの様子に応じで、集中しているようなら少しのばす

（子どもたちが「けテぶれ」に取り組む中、必要に応じて助言する）

まず計画を書きましょう。「㊗」です。

計画は、目標、意気込み、いまの気持ちです。昨日のけテぶれを思い出して、つなげて書けるとよりよいですね。

テストでは、自分で自分をテストして丸付け。答えはドリルの後ろについていますよ。

分析では「どうやれば賢くなれるか」を考えましょう。「㊷」と書いて、考えたことは必ず文字にしましょうね。アイディアは文字にして捕まえないと逃げてしまいます。

確実に「練習」までいきましょう。練習で初めて実際に賢くなるための勉強がはじまります。

100点の人は、説明してみる、です。今日は時間が限られていますので、頭の中でコトバで説明してみるのもいいです。

はい！　終了です。（だらだら続けない）

㋘ は昨日のミスをなくす。
いま昨日の問題をもう一度問いてみて…

☑️ 小テスト（5分）丸付け（1分）

　ではいまから小テストをします（プリントで配るも OK、黒板やプロジェクタで表示してノートにやるのも OK）。

　答えを表示します。さっと丸付けをしましょう。終わったら隣の人と、丸付けの丸付けもしましょう。

☑️ 語り（10分）

　どうでしたか？　昨日よりもできたよ！　という人。

　素晴らしいです。その点数はいままでの点数とはまったく性質が違うことに気づいてください。

　いままでは先生に言われるがままにやって、点数を取らせてもらっていたんです。

　でも、その点数は違います。「けテぶれ」の流れで自分で考えて、自分で勉強（けテぶれ）をして取った点数です。

　それにとんでもなく価値があるのです。

　はじめから 100 点だった人も、「説明」に挑戦した問題は、解いているとき気持ちよくなかったですか？

ただ解けるよりも、「説明」できるレベルまで理解を深めると、解くときの気持ちよさが違うはずです。

　そうやって理解を深めていくことで「使える知識」となっていきます。

　「算数なんて将来使うの？」という疑問は、浅い学習しかしていない人が言うセリフ。まだまだ「使える知識」になるほど自分で深められていないんです。

　でも今回、解くときの気持ちよさを知った君たちはもう違います。「知識を深める」ことの感覚や楽しさを知った。

　学びの海はとんでもなく広く深いです。そして学びの海を泳げば泳ぐほど、学ぶことが楽しくなってきます。

　学ぶことが楽しい、とはいまの社会をめちゃくちゃ楽しめる状態です。だって世の中には学びがあふれているのだから。頑張ろう。楽しもう。1年間、思いっきりやろう。

学びの自由度を上げていこう
～けテぶれタイムの拡大～

☑ はじめは一人ひとり丁寧に

　算数でのけテぶれタイム導入期は、一人ひとりが自分の学習に必死でなかなか子どもたち同士が活発に学び合うような状態にはならないと思います。この時期は、とくに教師による助言やサポートが大切です。**まずは時間内にけテぶれを1周させることを目標に、できた子は先生にノートを見せに行って、合格をもらう→合格した子から「説明」にチャレンジする、という流れがいいでしょう。**「説明」の仕組みについては次ページで紹介します。1周できなかった子も、時間が終了する前に、できたところまでのノートを見せてもらい、助言します。

　毎時間けテぶれタイムを確保していると、子どもたちの中から「今日こそ「れ」までいけるように頑張るぞ！」とか、「説明できるまでいけた！」という声が聞こえてくるようになります。毎時間、同じ仕組み同じルールでチャレンジできるからこそ生まれる目標意識や達成感です。学習指導要領では、「何ができるようになるか」までを保証するように、と明記されています。人が何かができるようになるプロセスでは、目標に向かって何度も何度も挑戦することが必要不可欠です。けテぶれでは「自分で学べるようになる」という目標に向けて、単元教科をまたいで、何度も挑戦することになります。

☑ けテぶれタイムを拡大させていこう

　けテぶれを合い言葉に自分の学習を進めることに慣れてくれば、必然的に自分の理解度を深めていく学習にチャレンジできる子が増えてきます。それに伴って、けテぶれタイムを拡大する必要性が出てきます。「先生、もっとけテぶれタイムを長くしてください！」という言葉も聞かれるようになるでしょう。始めてから概ね１ヵ月以内にはこのような状況になるのではないでしょうか。

　「えー、先生の説明時間が短くなるけど大丈夫―!?」などというやりとりをしながら徐々に子どもたちによる自己学習時間（けテぶれタイム）を増やしていきましょう。けテぶれタイムが長くなるにしたがって、子どもたち同士が学び合う姿も見られるようになります。

☑ 授業とけテぶれタイムの順番を変える

　だんだん子どもたちが慣れてくると、けテぶれタイムと先生の一斉指導の順番を入れ替える、などといったチャレンジもおもしろいです。学習内容を見て、できそうな場所で「今日ははじめからけテぶれタイムに挑戦してみましょう。授業の後半でみんなの学習を見て、先生が授業をします」などと投げかけ、「まず、自分でやってみる」ということにチャレンジさせます。このとき自らの学びを進めるための手段として「けテぶれ」を持っていることが子どもたちの挑戦を支えます。

　このチャレンジも、何度かやってみると、「教師による一斉指導に切り替えることなく、子どもたちで１時間学びきれる日」が発生します。こういう日を見逃さず、「今日は先生が何かアドバイスする必要がまったくありませんでした。すごい！　１時間自分たちだけで学べたね！　なぜ今日成功できたのかというとね…」と、成功の価値とその要因について指導者なりに見取ったことを子どもたちに伝えます。P46～49の内容を合わせて、子どもたちに徐々に学びのコントローラーを渡していくイメージをしてみてください。

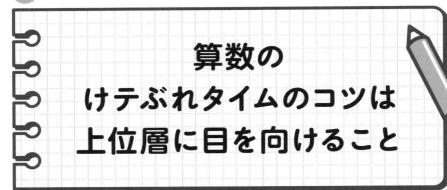

算数の
けテぶれタイムのコツは
上位層に目を向けること

☑ 算数のけテぶれは漢字よりも難しい

　漢字の学習は分析も練習も比較的簡単で、けテぶれのサイクルがまわるので、導入におすすめしています。一方算数は、丸付けは簡単にできますが、なぜ間違えたのか、どう乗り越えるか、という分析、練習の段階で漢字よりも難易度が上がります。算数科の学習は、表面的な計算のやり方だけを暗記すればいいのではなく、計算の方法や概念の裏にある仕組みを理解しなければならないからです。

☑ できる子はけテぶれなしでできる

　一方、算数が得意な子や、習い事や家庭学習で先取り学習をしている子たちは、授業の課題を楽々クリアできてしまう場合もあります。この子たちは「けテぶれをまわしましょう」と言っても、「テ」ですぐに 100 点を取れてしまい、「れ」ですることがありません！　となってしまいます。この状態を放置したり、読書やタブレットなどでただの時間つぶしのような活動をさせたりしてしまえば、上位層の意欲はどんどん低下していきます。**子どもたち主体の学びの場を盛り上げていくには、この上位層にいる子たちをどれだけ燃え上がらせることができるかが勝負になると言っても過言ではないほど重要です。**

☑ 上位層の成長のキャップを外そう

　教室では「できる→説明できる→教えられる」という理解度の段階を示しています。子どもたちには、「テ」で100点が取れる、という状態は「できる」であり、その先には「説明できる」というレベルがあるから、「れ」ではそれに挑戦しようね、と言っています。また、説明のレベルも3段階で示しています。

①**感想を書く**（思ったこと・考えたこと）

②**コツやポイントを書く**（学習「内容」と学習「方法」について）

③**単元での学びについて書く**（他教科や生活とのつながり、自分の頭の中の変化）

　今日はどのレベルに挑戦しようか、と子どもたちに選ばせるようにしています。この「説明できる」というレベルに挑戦し、先生から合格をもらえて初めて「教えられる」という段階へ進めます。

☑ できる→教えてあげよう!　ではない

　子どもたちに学習時間を手渡すとき「終わった人は、困っている人を助けてあげましょう」という指示をするケースは多いと思います。もちろんそれ自体は非常に素敵なことですが、「学習の深まり」として考えると、少し頼りない部分があります。

　問題に正解できただけの子が、その問題の解答がなぜそうなるのか、どこに目をつけてどのように考えればいいのか、といったことについて正しく説明できるでしょうか。ここに注意深くならなければ、子どもたち同士の関わり合いの学びのレベルは浅くなってしまいます。たとえば、わり算の文章問題は「出てきた数字をそのまま羅列し、割り算の式にして、かけ算の裏返しで答えを出す」なんてアドバイスをしてしまう子がいても不思議ではありません。**こんな浅い学びのレベルの関わりにならないように、単元の中の指導でしっかりと教科の見方考え方を働かせる必要とその方法や視点を伝えることが大切です。**

子どもたちの 算数 けテぶれノート

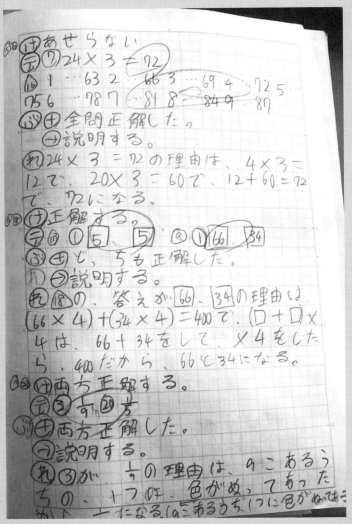

▲基本的にはこのように、計画で簡単な意気込みや目標を書く、テストで問題を解く、分析で＋－やじるしの視点で振り返り、練習、となります。100点だったときの練習は、写真にあるように、解いた問題の中で難しい問題を1問選び、解き方を説明することに挑戦します。これは、問題に間違えたときも使えるアイディアです。自分がわかっているところまでを説明し、どこがわからないかを突き止める、という目的で「説明」が使えます。

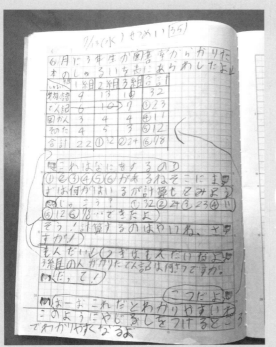

この子は、問題の解き方をまるで先生と子どものやり取りのように書いていますね。「説明」は、他者意識が働きます。これは学習を深めるという目的にとっても有効です。

算数の説明では「式＋図＋言葉」の３つを揃えられるととてもいいよ、と言っています。これら３点でしっかりと説明できていれば、友達にわかりやすく説明できるだけでなく、友達がどこにつまづいているか気づけます。

1 算数に「けテぶれタイム」を導入する

けテぶれタイムのとき 現在位置を可視化すると 子どもが動きやすくなる

☑ 進捗状況の可視化をして協力しやすくする

教室では後ろの黒板に写真のようなスペースを作っています。

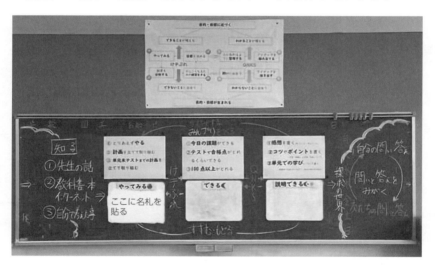

　まず「やってみる」のボードに全員分の名札を貼っておきます。ここでは「テ」で100点が取れるまで何度もけテぶれをまわします。「テ」で100点が取れたら、「できる」に名札を貼り、「説明できる」にチャレンジします。①②③から挑戦するレベルを選び、ノートに文章が書けたら先生チェックを受け、合格できたら「説明できる」に名札を貼

りまず。

✅ 「説明できる」からは行き先が派生する

「説明できる」に合格できた子には３通りの選択肢が現れます。

まずわかりやすいのが「サポートする」という方向。これが「教えられる」という段階です。後ろの黒板を見るとまだ「やってみる」で困っているクラスメイトがわかりますので、その子の状況を見に行き、必要ならサポートをしてあげるという活動です（問題に間違えてしまった子が「れ」で何をすればいいかわからない場合も、「説明できる」に名札がある子に聞きに行く、という選択肢が得られます）。

次に「進む、戻る」という方向。これは、引き続き自分の学習を続けるという方向性です。「進む」を選択する場合は、教科書の次のページの内容へ進む、「戻る」とは授業ではやったけど少し苦手意識がある内容に戻って、もう一度けテぶれをしてみる、となります（もしくは、「説明できる」に再チャレンジするというのもいいです）。

最後に「問いを磨き、答えを磨く」という方向。これは「学習」から「探究」へと進む方向性です。この方向はまた膨大な指導の工夫が必要であり、詳しい説明は別の機会に譲ります（QNKS と検索してみてください）。

✅ 学びのエネルギーを"循環"させよ

前頁で述べたとおり、算数でのけテぶれは難しい子にとっては難しく、上位層にとっては簡単すぎる、という２極化した状態を引き起こしやすい教科です。この２極それぞれに対して、困っている子に個別指導をしつつ、上位層には発展課題を与え続けるといった、「教師がなんとかしてあげる」というアプローチは得策ではありません。そうではなく、上位層は際限なく頑張ることができ、頑張れば頑張るほど、困っている子たちへそのエネルギーが向くような、"学びのエネルギーの循環"を引き起こすようなデザインにすることが大切です。

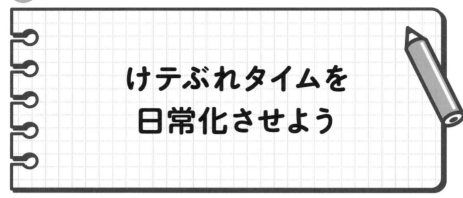

けテぶれタイムを
日常化させよう

☑ スキル獲得には継続的練習が必要

　繰り返しになりますが、海で自由に泳げるようになるには、何年も
スイミングスクールに通う必要があるように、学びの海で自由に学ぶ
ことができるようになるには、相応の練習期間が必要です。いきなり
「自由に学びましょう」ではだめなのです。大切なのは継続的なトレー
ニング。そのとき必要なのがルーティン化です。日々、けテぶれタイ
ムをいつどのように取ろうか、と考えていては続きません。

☑ 授業の流れをパターン化させよう

　**安定的に取り組むには「前半レクチャー、後半けテぶれタイム、最
後に確認テスト」などパターン化してしまいましょう。** 子どもたちも
見通しが持ててよいでしょう（授業展開の見通しがつくと、宿題でも
けテぶれで進めておこう、といった授業と宿題の連動も起こりやすく
なります）。

　スキルの改善サイクルは「①挑戦の機会が大量にあること」「②挑
戦の結果がすぐに返ってくること」の2点を押さえることで高速回転
します。ある日のけテぶれタイムでやった結果、もう少しこうする方
がよいな、と気づいても、次のけテぶれタイムが3日後や1週間後な
ら、もうどうでもよくなってしまいます。けテぶれを習得するには、

**毎日１回はけテぶれのサイクルがまわるような仕組みづくりが大切で
す**。算数は毎日ある教科ですので、そういう意味でも漢字の次にけテ
ぶれタイム導入の教科としておすすめです。

✅ 子どもたち同士で自由に関われるようにしよう

　P118 〜 119 で少し述べましたが、**子どもたちが「けテぶれ」を理
解していくにつれて、「自分の席で個人でけテぶれを頑張る」という
フェーズから、「教室の中を自由に移動して、友達同士で支え合い刺
激し合いながら学習を進める」というフェーズへ移行していきましょう。**

　けテぶれに対する理解が深まってくると、子どもたち同士で協力し
たり、学習が進められずに困っている友達にけテぶれの観点からアド
バイスしたりできるようになっているはずです（逆に、けテぶれ的な
学び方への理解がなければ、学習内容についてのアドバイスはできて
も学び方に対するやりとりは行われません。いかに学ぶのがよいか、
という視点なしに関わると、内容をわかりやすく教えることはできて
も、相手が本当に賢くなるための関わりを意識できません）。

　入り口として「分析、練習」の段階でわからなくなったら友達に聞
きに行くということから始めるといいでしょう。離席する前には必ず
自分で「計画、テスト」をやっているので、子どもたちは「何のために
立ち歩くのか」という目的意識をはっきり持つことができます。

　聞きに行く相手として望ましいのは、単に課題が「できる」だけで
なく、その理由やポイントを「説明できる」段階までクリアできている、
「説明できる」に名札がある子です。とはいえ、教室の中で話しかけ
やすい相手とそうでない相手もいるはずですので、強制はせず、どん
な関わりも"賢くなれるのなら" OK とします。

　友達との学び合いに慣れていくにつれて、「教えてあげる⇄教えて
もらう」だけでなく同じ段階に名札があるもの同士で**「一緒に悩む、
一緒に頑張る」**という楽しさにも気づかせていくと、関わり方のバリ
エーションも増え、学習空間としておもしろくなっていきます。

1時間まるごとの「けテぶれタイム」に挑戦しよう！

☑ 挑戦の前にさまざまな学び方の積み重ねを

　1時間まるごとのけテぶれタイムとは、授業が始まると同時に子どもたちがそれぞれ自分の学習計画を立て、基本的に子どもたちの自己学習だけで1時間が進行するような学習環境のことを指します。

　この挑戦の土台になっているのが、ここまで述べてきた「学びの型としてのけテぶれの習得」です。**「型」がなければ、大きな自由を受け取ることはできません。**

　算数の部分的なけテぶれタイムでは、自由度の高い学習空間で、自分で自分の学習を進めるという練習を意識的に積み重ねておきましょう。「練習」の段階での目的を持った立ち歩きや友達との協力から始め、「分析」段階での友達との協力、「テスト」段階での協力、「計画」段階での協力、など、「けテぶれ」のどの過程ではどんな協力の仕方があるのか、ということを考え、経験する機会としていくといいでしょう。

　そうなると、1時間まるごとのけテぶれタイムに挑戦するのは1学期の末や2学期から、などでも遅くはありません。

☑ 算数の単元末の1時間から始めてみよう

　いざ、まるごと1時間のけテぶれタイムに挑戦する際は、算数の単元末の1時間が取り組みやすいでしょう。算数の単元末には、単元の

内容を復習するような「まとめのページ」がある教科書も多いはずです。このページを「けテぶれ」を使って完璧に定着させることを目標に取り組みます。

☑ 自由"進"度の前に自由"深"度を

前述のような「土台」があれば、1時間まるごとのけテぶれタイムはそれほど難しいものではないと思います。これまでやってきた、授業中のけテぶれタイムを、1時間まるごとやる、というだけです。

しかし一点、注意点があります。それは現時点ではまだ「単元内自由進度」的な学びではない、ということです。どんどん先に行く「横に広げる学習」は、ただ問題に正解が出せるだけの浅い学習になってしまいがちです。安易に自由進度にしてしまうと、そんな浅い学習をひたすら続けて満足してしまうという状況になりかねません。だから、まずは1時間の学習内容について、「(教科の見方考え方を働かせて、本時の学習を) 説明できる」学習をたくさん練習して、学びを深める方法や価値をしっかり理解する、ということを狙いたいのです。十分に「自由"深"度学習」に取り組めるようになってから「自由"進"度」を解禁するといいでしょう。

☑ 最後の5分は必ず振り返りの時間を取ろう

「自由にやってみたら、必ずその結果を振り返る」これは鉄則です。好き放題にやって、結果は知らんぷり、では何も積み上がらないのは明白ですね。なぜ自由か。**自分にとってもっとも適切な学習内容と学習方法を選択するために、自由度が高ければ高いほど、さまざまな可能性を試せる。だから、自由、です。**ここをはき違えてはいけません。

この目的がある以上、自由にやってみた結果を振り返り、自分の選択はどうだったか、もっといい選択はなかったか、次の機会に何を改善すればもっとよくなるか、ということを考えるべきですよね。自由にやってみたのなら必ず結果を振り返る。テストの後には必ず分析です。

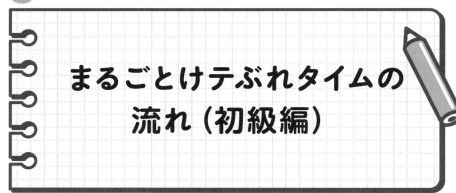

まるごとけテぶれタイムの流れ（初級編）

☑ その日の学習計画を考えてノートに書く(5分)

　授業開始と共にノートの1行目に「計画」を書きます。子どもたちが立てる計画を見ながら、教師はテストまでの残り時間、これまでの子どもたちの姿から今日学びに向かうに当たって注意すべき点など、必要なアドバイスを行います。目安は5分ほどです。

☑ 計画に基づいて学習をする（15分）

　計画を書き、教師のアドバイスを聞き次第、学習開始です。子どもたちはそれぞれの場所、方法、内容を学習し始めます。この過程は、けテぶれでいうと「テスト」に該当します。ここは「ひとまずやってみる」という過程です。この1時間、どのように学ぼうかという計画を立てたのならひとまずやってみる。これが「計画→テスト」の本来の意味合いです。この過程は15分を目安に行います。

☑ 前半の学習を振り返る（5分）

　15分が経過したら、5分間の「分析タイム」を取ります。これは、はじめの計画と15分の学習を振り返り、いまの自分の学習の状況を分析する、という時間です。**自分で自分の学習を進めるときには「学習内容」に集中すると同時に、「自分の学習のやり方や進み具合」も意**

識しながら調整する必要があります。これは子どもたちにとって非常に難しいことです。このような学習に挑戦するとき、「けテぶれ」として学習方法の基礎を身につけているという状況は非常に強いのですが、それでも、学習内容に集中しつつ、学習の方法にも意識を向け、調整する、というのはなかなかできることではありません。そこで、この2つの過程を分けるのです。15分の学習時間には、「学習内容」に集中する、その後の5分間で自分の「学習方法」を振り返り調整する、という仕組みです。「分析タイム」では一度自分の学習をストップし、全員自分の席に戻って前半の学習を振り返ることとします。教師は前半の学びについてしっかりフィードバックし、子どもたちは徹底的に「自分」と対話し、後半の「学習方法」を考えます。

✅ 分析に基づいて学習をする（15分）

分析タイムの後は、後半の学習スタートです。これはけテぶれの「練習」に当たります。前半の学習が順調に進んでいれば、その調子で学習を進めればいいですし、友達と関係ない話をしてしまったり、学習範囲が適切でなかったりした場合は、軌道修正をします。

✅ その時間の学びを振り返る（5分）

ここでは1時間の学習内容、学習方法についての振り返りを行います。この時間の思考が子どもたちの自由な学びを支えます。その他のどの過程の時間を削ってでも、この時間は確実に確保してください。書けた子から発表し、それに対して教師がフィードバックを行います。

✅ 1時間まるごとけテぶれタイムを増やしていこう

このような時間を単元内にたくさん取れるようにしていきましょう。「けテぶれ」という学び方や、コンパクトなけテぶれタイムで「自由」の扱い方がわかってくれば、比較的簡単にけテぶれタイムは拡大していくように思います。

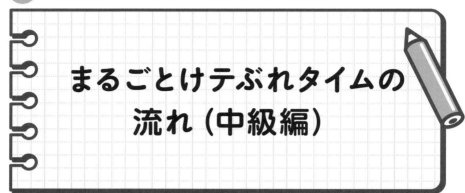

まるごとけテぶれタイムの流れ（中級編）

☑ その日の学習計画を考えてノートに書く(5分)

授業開始と共に「計画」を書きます。子どもたちが立てる計画を見ながら、教師はテストまでの残り時間、これまでの子どもたちの姿から今日学びに向かうに当たって注意すべき点など、必要なアドバイスを行います。慣れてくれば、書けた子から計画を発表させてあげるといいでしょう。まだ書いている子の参考にもなりますし、指導者からのフィードバックもしやすくなります。

☑ 計画に基づいて学習をする(30分)

初級編では、学習時間が15分経過したら一度分析タイムが入りますが、中級編ではその時間がありません。初級編でやっていた「一度立ち止まって自分の学習状況を考える」ということを、子どもたちそれぞれ自分でやるということが求められます。難しい分、30分というスパンで学習を組み立てることができるので、初級編よりもさまざまな学習方法を試すことができます。

まずは、初級編のような授業の流れを頻繁に取ることを目指しましょう。初級編に慣れてくると、15分で学習が途切れてしまうことに子どもたちが不満を漏らし始めます。そのあたりが、中級編に挑戦するタイミングです。

☑ 教師は子どもたちの間を歩き回る

　教師は、学習時間中子どもたちの間を歩き回り、内容と方法についてのアドバイスをして回ります。その中で素敵な取り組みを見つけたら、教室全体に声をかけ端的に紹介します。その場で紹介されたアイディアは、その場でまねをすることができますので、効果てきめんです。これを学習内容、学習方法の2つの視点で紹介し続け、子どもたちの学習が脱線してしまわないようにします。

　それでも脱線してしまう場合は、一度全員を席に戻らせて、コンパクトな一斉授業を実施します。内容面で深まりがない場合も、方法面で安易な方向に流されている場合も、全員に指導が必要だと判断した場合は、勇気を持って全員の活動を止め、一斉授業に切り替えましょう。必要なことが伝われば、また子どもたちの活動をスタートさせます。長くても10分以内、短ければ1分でもいいはずです。

　このときP83で紹介するような学び方の指標があれば、指導がしやすくなります。「いまみんなはどこにいるかな？」と問うだけで子どもたちは自分の状態と、目指すべき方向を意識することができます。

☑ その時間の学びを振り返る（10分）

　振り返りが最重要なのは、初級編でも中級編でも変わりません。

　まるごとけテぶれタイムを頻繁に取ることができるようになってきたら、P131で紹介する「けテぶれシート」の導入を検討しましょう。子どもたちの計画や分析、振り返りを記録し、蓄積するためのシートです。これがあれば、学習内容はノートにまとめ、学習方法はシートにまとめる、というすみ分けができます。それを単元末にまるごと振り返れば、自分の「学び方」について、深く考察することができます。

子どもたちの チャレンジには 常にフィードバックを

☑ 大切なのは自由に学んだ「後」

　何かをやらせるのなら、その結果がどうだったのかという情報、つまりフィードバックが必ず学習者に返されなければなりません。これがない学習空間とは、バスケットのシュートの学習をする際に、自分が打ったシュートが実際にゴールしたかどうかがわからないような空間、ということです。これでは自分のシュートの打ち方を改善できません。

　けテぶれを合い言葉に自己学習をするとき、その学び方がどうだったのか、というチャレンジの「結果」は、バスケットのシュートよりもはるかにわかりにくいものです。だからこそ、教師が一人ひとりの学習についてしっかりと見守り、いまどんな状態で、次のチャレンジでは何に気をつけなければならないのか、という情報を常に返し続けなければなりません。

☑ はじめは「何が正しいのか」を示す

　けテぶれに取り組み始めた段階でのフィードバックとは、「けテぶれが正しくまわせているかどうか」を評価し、状況に応じてアドバイスをするということになります。「けテぶれ」という聞き慣れない言葉に出会い、「自分で自分の勉強を進める」といういままでやったこ

とのないチャレンジをするわけですから、子どもたちの中には不安を感じる子も出てきます。

　だから、導入初期の段階においてはけテぶれの指導の中でもとくに手厚く一人ひとりにフィードバックする必要があります。初期の初期には一人ずつノートを持って来させて、直接アドバイスし、慣れてくればノートにコメントや花丸での評価、並行して学級通信でよい取り組みを大量に紹介する、など「何が正しいのか」という情報を大量に提供する必要があります。

☑ 徐々に自分で自分を評価できるようにしていく

　しかしいつまでも教師からの評価を待っているだけでは、いつまでも学習者としては自立できません。自己学習を進めるためには、自分で自分の学習を評価し、調整するということができるようになる必要があります。

　そのために友達同士でノートを評価し合ったり、「ルーブリック」など、自分で自分の学習を評価するツールを手渡したりしながら、自分で自分の学習を評価する力をつけていきます。

☑ 自己評価と他者評価は両輪で

　極論、教師は教師の目から見た主観的な評価しかできませんし、子どもたちも自分の目から見た主観的な評価しかできません。「客観的な評価」というものはあり得ないのです。

　だからこそ「自分はこう感じている」という自己評価と「先生 (友達) からはこう見えている」という他者評価を両輪とし、２種の情報を得た上で、最終的には「自分の見たいように自分を見て、進むべき方向を自分で決める」というところを目指します。

3 子どもが学びを評価するために

自分の学習力について 考える機会を設定する
～けテぶれシートを書いてみよう～

☑ 振り返りを記述し蓄積する

　1時間まるごとのけテぶれタイムでは「けテぶれシート」というものを活用しています。右のようなシートを印刷し、けテぶれタイムでは毎回書いてファイルに蓄積できれば、1週間や1ヶ月といった単位で自分の思考を振り返り、そこからまた気づきを得ることができます。先述した「探究的思考」をするための材料となるのです。

　けテぶれシートを使うと、「学習内容に関して学習したことはノート、学習方法に関して考えたことはけテぶれシート」という棲み分けができます。「大分析」では単元中に自分が行ってきた学習方法をまるごと分析しますので、その時にも役に立ちます。

☑ 書かせるのなら、即座にフィードバックを

　このようなシートへの記述は子どもたちにとってとても大変なことです。書かせるのなら、即座に子どもたちにシートの質についてフィードバックすることが指導者には求められます。

　フィードバックの視点は一貫して「自立した学習者に近づく」ことです。「【初期】有効な勉強方法を模索し身につける」→「【中期以降】「勉強に取り組む自分自身の頭と心を調整する」と、子どもたちの探究的な思考の焦点を、徐々に自分の中心へと移していきます。

けテぶれシート

け **計画** 今日のスター☆チャレンジ（月と太陽を意識しよう！）

チャレンジ

安心

一歩外へ！

・

・

・

・

・

→ テ やってみた結果はどうだった!?計画にマルつけをしよう！ [　　　　　]点

⊕ よかったところ、その理由。　　　　　⊖ もう少しだったところ、その理由。

ぶ **分析**

→ 得意なことをもっと得意に！／苦手なことを乗りこえられるように！

れ **練習**

子どもたちの
けテぶれシート

これは 6 年生が取り組んだものです。6 年生では 1 授業 1 枚の分量で、毎授業、全時間、このシートを書いて自己コントロールをしていました。P132 ～ 135 に示した 6 つで少しフォーマットが違うのは、毎年少しずつマイナーチェンジしているからです。

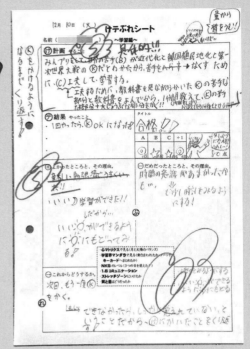

毎授業書くといっても、この年の 6 年生は、教科担任制になっており、僕が担当するのは、座学では国語、社会、算数、だったので、この 3 教科について、毎授業書いていた、ということです。

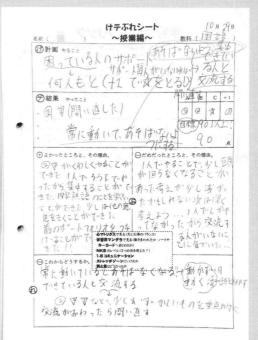

シートの記述を見ると、毎授業自分と向き合って、何とかコントロールしようとする様子が見て取れると思います。

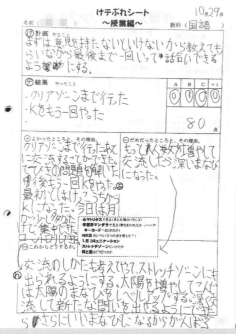

自分に向き合い、自分と対話し、自分で行動して、その結果から、また自分で考える。こういうことを毎授業積み重ねていくことで、「自己学習力」の獲得を目指していきたいのです。

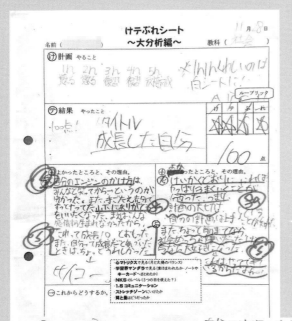

けテぶれシート
～大分析編～

11月8日

名前（　　　　　）　教科（社会　）

㋖計画 やること
けテぶれ大けテぶれ
返る 戻る 復習 結論 反省　大けんれいのは
白シートに！

ルーブリック

㋐結果 やったこと
100点！　タイトル
成長した自分

ケ	テ	ぶ	れ

100点

㋒よかったところと、その理由。
自分のエンジンのかけ方は
みんなと笑ってからっていうのが
わかった。また、きテぶれで
すべってって山下に戻りがち
をいいたくなった。まほんな
感情が生まれなかったから

これって成長10 をおした
また、自分って成長だと思った
ときは、ちょっとうれしかった

㋙よかったところと、その理由。
けいかくどおりにすれば
やっぱりうまくいくことが
わかった。つまり
計画の大切り
自分の計画は大変だった

また、ちょっと前まで
ちょっと反省した
つけてって
わからん

㋙これからどうするか。

うらだ！

自分の成長したところ（この社会で）
1.自分の考えをちゃんといえるようになった（
2.他の人について幸動できるようになった。
3.（今日からだけど）けテぶれシートが
うらにまで突入するようになった。
4.人のいいところを見つけられるようになった。
5.勉強が楽しくなった
6.自分で成長したと気づけるようになった。
7.社会が好きになった。

太陽両才があって〜している〜から
見からが楽しくなる。

この特技を生かして、もっと人に勉力強を
教えてあげよう……。

㋙そのためにも、
自分の苦手な目の景を
壊すようなことをする！

ムかっ、無も
シャ　染い！

スバラシイ！

三学期も
がんばろー♪

55

単元末の大テストが終
わったときにもこの
シートを使います。単
元で毎授業書き溜めて
きたシートを見返して
この単元での学びをま
とめるのです。

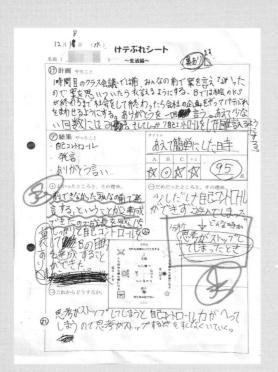

P150で述べたような「生活まるごとけテぶれ化」をする際にもこのシートが効果を発揮します。書き方は、朝の会で計画欄にその日の計画を書き、掃除が終わってから、5時間目がはじまるまでの時間で中間分析、終わりの会ですべて書き上げて提出です。

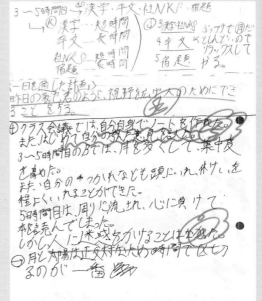

道徳の授業ともよく連動します。

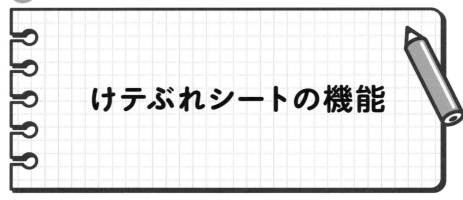

けテぶれシートの機能

☑ 「自分」を捉える

　自分で自分を成長させるために努力するときには、"メタ認知"つまり、自分で自分のいまの状態を冷静に把握しようとするような活動がとても大切です。自分がどのような学習をすればいいのか、自分の姿を正面から捉えることが、成長のための大きな一歩です。

　「けテぶれシート」で自分の学習の方法を振り返ることで、自分の「学習力」について分析できます。

☑ 「計画」を書くから、○×が付けられる

　まずは自分の計画ができたかどうかを「丸付け」によって判断します。単純に授業開始時に書いた「計画」のうち、できたものに○、できなかったものにチェックを付けるだけです。計画になかったことをやった場合は、赤で書き込むのもいいと思います。

☑ プラスマイナスやじるし

　次に「**プラス＝成功したこと**」「**マイナス＝失敗したこと**」「**矢印＝何がわかったか（何がわからないか）**」の**３視点で自分の学習行動を分析し、言語化します。**分析のとき、ポジティブ・ネガティブの両面を見た上で、その現象の価値を捉えようとするのは、基本的なことです。

☑ 問いと気づきを捕まえる

　けテぶれの大きな探究課題は「自分なりの学習方法を見出そう」ですが、このような大きなテーマについて探究するためには、その下にたくさんの小さな問いと答えを見出す必要があります。たとえば「集中力を切らせないためにはどうすればいいのだろう」「ケアレスミスをなくすにはどうすればいいのか」という問いや、「集中している人の近くでやると自分も集中できる」「友達と学ぶ時間と一人で学ぶ時間のバランスが大切だ」といった答えは、実際に"自分で勉強をしてみる"という経験の中から多く生まれます。それらを逃さないようにこのシートに言葉として捕まえ、一つひとつ愚直に解決したり、改善したりしていく。その試行錯誤の総体として「自分なりの学習方法とは」という大きな問いに対する答えがあるのです。

　その過程では、うまくできない自分と徹底的に向き合って、ときには自分を律し、ときには自分をほめながら、一歩一歩自分の力で探究的な道のりを進んでいくことが求められます。

　「自分なりの学習方法を見出す」という壮大な探究課題を解決するためには、日々の泥臭いトライアンドエラーが必要不可欠なのですね。

☑ 自分の学習過程をまるごと振り返ることができる

　けテぶれシートがもっとも効果を発揮するのが「大分析」のときです。けテぶれ大サイクルにおける「大分析」では、大テストの結果を踏まえて、単元内における自分の学習過程をまるごと分析する時間です。このとき、日々、自分の学び方を振り返り記述したけテぶれシートがあれば、子どもたちの「大分析」を支える強力な情報源となることは言うまでもないでしょう。

　さらに、この「大分析」もまたシートに記述しファイリングすれば、学期末などに「大分析シート」のみをファイルから抜き出して、自分の学期中の学びをまるごと振り返ることもできてしまいます。

子どもが学びを評価するために

フィードバックの3原則 即時・明瞭・発掘

✅ 即時評価（挑戦の結果がすぐにわかるようにする）

　授業終了時、子どもたちは「けテぶれシート」を提出します。1学期は、それをチェックして翌日返却することを徹底しています。教師からのフィードバックは、自分の実体験の記憶と共に受け取ることで、深く理解することができます。後日の返却では教育効果はほぼなくなってしまいます。また、授業の最後には、クラスの学びの姿を具体的な例と共に評価することを毎回繰り返します。

　例：今日の学びでは〇〇さんの動きが素晴らしかったです。〇〇さんこういう動きをしました。この中で△△という力が培われたはずです。とても素晴らしい！（拍手）

✅ 明瞭評価（評価の基準を共有する）

　フィードバックの効果を高めるもう一つのポイントは評価の"明瞭性"です。1枚1枚に教師が励ましの言葉を書くのは効果的である反面、大きな労力がかかります。そこで僕は、観点を決めて、マークで評価していくという方法を取っています。マークは大体3段階で、☆はひとまずいい記述、☆☆は通信で紹介するレベルの記述、☆☆☆は翌日の朝の会で取り上げたいレベルの記述、といった感じで、該当の箇所をぐるっと囲み、評価に応じた数のマークを書く、ということを

やっています。こうすれば、返ってきたシートを見てどこがよかったのか、子どもたちはすぐにわかります。評価の基準は P183 で紹介した「心マトリクス」です。どこまで丁寧にやるかは時間コストを考えて調節してください。大切なのは「どこが、どのようによいのか」というわかりやすさの担保です。

✅ 発掘評価（本人も気づいていない価値を掘り起こす）

　最後に、もっとも大切なのは子どもたちの学びの姿から「価値を発掘する」ような姿勢です。「いまの自分」は本人の視点だけではなかなか見ることができません。たとえば「今日は〇〇さんと△△という学び方をした」と書くことはできても、それが学習を進める上でどのような意義があり、どのような効果を発揮しているのかについて自覚的でない場合も多くあります。ここに気づかせるのが、フィードバックのもっとも大切な機能です。

　つまり、ある行為に含まれる価値を掘り起こし、それを評価するのです。「〇〇さんと△△という学び方をした」。「なるほど。それにはこういう意義があり、〜の効果が得られるもんね！」と。教室で子どもたちが一生懸命に自分で自分の学習を進める中で、指導者である僕は常にこの「発掘評価」を狙って教室を歩きまわっています。

　本人たちとしては自然にやっていることの中に、学習者として自立するためにとても大切な考え方や取り組みが隠れていることがたくさんあるのです。指導者としては学習時間の中でいかに多くの「価値」をその場から発掘することができるかに勝負をかけているといっても過言ではありません。

　子どもたちのノートをチェックするときもまったく同じです。いかに子どもたちの記述の中から素敵な「価値」を掘り起こせるかが、指導者としての腕の見せ所だと思っています。それを見つけ次第、即時に、明瞭に評価し、教室にその価値を即座に紹介することで、子どもたちはその価値を受け取り、まねてみようとすることができます。

子どもたちの記述を 信じて任せて認める

☑ 浅い記述でも焦らないで

　成長変化は"現在位置"からしか生まれません。とくに「けテぶれの けテぶれ」で行う「自分に合った学習法の探究」では、**いかに本当の自 分と向き合えるかが勝負です。**子どもたちが"先生が求めるイイコト" を書こうとしてしまえば、途端に"本当の自分"は姿を隠し、薄っぺ らい記述になってしまいます。

　「その分析は君のどこから出てきているのか。手先口先だけの浅い 分析をいくら書いても、何の意味もない。反対に「できた！」という 一言でも、自分の深く深く中心から出た言葉であるなら、とてつもな く大きな価値がある。自分の中心から言葉を引っ張り出しましょう」 ということを繰り返し伝えることが重要です。

☑ すべての記述をそうやって出してきた 記述である、として扱う

　しかし、教師がいくら口酸っぱく言ったところで、実際に子どもた ちがそのとおりにやるかなんてわかりませんよね。子どもたちの記述 を見ればある程度感じ取れる部分はあるかもしれませんが、あくまで もそれは教師の主観による感覚でしかありません。突き詰めると、子 どもたちがどんな思いでどれくらい真剣にその記述をしているか、な

んてわからないのです。

　だから僕が心がけているのが、**どの記述を見るときも「これはその子が深く自分と向き合って紡ぎ出した"真実の記述"である」と一方的に認めて、そのようなものとして扱う**、ということです。きっと深く考えて書けると信じ、任せ、書かれたものをまるごとすべて認める。僕が大切にしている「信じて任せて認める」というあり方です。

　子どもたちが本来の姿を隠して、薄っぺらい記述に逃げてしまう背景には「こんなことを書くと怒られるかもしれない」とか「カッコ悪い姿を認めたくない」といった心理や、そもそも「自分の深いところを洞察する力がまだない」という能力的な問題があることが想像できます。それがその子の「いま」の状態なのです。

　教師がその姿を認められなければ、自由な記述を任せられず、どんどんその子を疑う心が育ってしまいます。どんな記述も100%認め、精一杯反応する。すると子どもたちも自分の記述と向き合い、徐々に自分の心に素直な記述をする価値を受け取っていけるはずです。

☑ 省察の視点や方法を指導する

　「自分で自分を洞察する力は、自分に素直な記述を続けることで少しずつ高まっていく」のは確かですが、それは「子どもたちを水に入れておけば少しずつ泳げるようになる」と言っているのと同じです。

　泳げるようになるために水に入ることはもっとも大切なことですので、その機会を大量に確保することは非常に重要ですし、それだけでも子どもたちは環境に応じた成長を見せますが、教育機関として、教育者として、それだけで満足していてはいけないですよね。

　だからこそ、熱く語り、温かく声をかける必要を述べてきましたが、その語りや声かけの裏にある価値基準まで、図や表にして子どもたちとシェアできれば、さらに子どもたちの省察の質は上がります。次ページでは子どもたちの省察の質を上げるための指導（評価）のあり方について3つの視点からご紹介します。

自学ノートを けテぶれ専用の ノートにしよう

☑ けテぶれ熱が上がると、 ノートが混沌としてくる

　日常的にけテぶれを行うということは、ノートの多くのページをけテぶれのために使うということになります。けテぶれにおけるノートの書き方は、けテぶれの各過程をやるときには「け」とか「テ」とか書いてね、という程度のものですので、当然個性的なノートがたくさん出てきます。

　けテぶれ熱が上がってくると、何ページにも渡ってバリバリと書きなぐりながら学習を進める子も出てきます。それ自体はとても素晴らしいことなのですが、学習ノートには、「大切なことを書き留めておく」という機能もあるはずですよね。けテぶれをバリバリやればやるほど、この機能が薄れてしまうことがあります。

☑ けテぶれ専用ノートを作ろう

　ノートが混沌としてくるという問題を解決するために、けテぶれ専用のノートを作ってしまう、というアイディアがあります。「自主学習ノート」として一冊フリーのノートがある教室も多いのではないでしょうか。それをそのまま「けテぶれノート」とし、授業中に行うけテぶれ学習はすべてそのノートを使用します。教科別にノートを替え

る必要もありません。全教科共通で、けテぶれをするときはそのノート、として OK です。教科専用のノートは、「説明できる」の段階に挑戦するときに使います。「説明できる」では、その授業での学びでの感想や、大切だと思ったこと、解き方のコツやポイントを言語化しますので、教科専用のノートに書き込み、蓄積していくといいと思います（これがあれば、単元の山場で、深い発問を子どもたちにし、全体で思考するときにも大切な情報源となり得ます）。

　タブレットの運用が上手にできるなら、大切なことを記録するという機能は、タブレットのアプリケーションを使ってもいいかもしれませんね。

✅ けテぶれワークシートを作ろう

　また別のアイディアとして、けテぶれの流れをあらかじめ印刷したワークシートを作り、けテぶれはそのシートに行う、というものがあります。低学年やけテぶれ導入期向けの取り組みかもしれません。

　こうすれば「ノートはポイントを丁寧に書き留める」「けテぶれワークシートはバリバリと使う」という役割分担が可能になります。

　教室に大量に印刷しておけば、１回のけテぶれタイムで何枚も使う子も出てくるでしょう。シートの使用枚数がそのままけテぶれサイクルの経験量を表わすことになるので、ファイルに挟んでおけば溜まったプリントを数えるだけで、「いままで自分は何回けテぶれのサイクルをまわしたか」がわかります。これはけテぶれ習熟の一つの指標としても使えますね（ノートの場合は、ロッカーの上に使い終わったノートを溜めておく場所を作れば、けテぶれの量を可視化することができます）。

　授業後に提出させてフィードバックを行う際も、プリントだけを集めればいいので簡単です。

けテぶれワークシート

け 目標や「めあて」を書こう

テ

ぶ （⊕成長したこと⊖失敗したこと①わかったこと、おぼえたこと、コツポイント②わからないこと）

れ は裏面にたくさんやろう！

144

☑ ます計算バージョン

　けテぶれのワークシートとは、基本的に左の図のような形で製作します。㋐のところに算数のます計算を印刷すれば、けテぶれ版の100ます計算になります。3年生の割り算導入前の数週間や、各学年の4月時点でのレディネスチェックなどにも使えますね。配ってすぐに計画を書き、5分でます計算に取り組み、終わった子から分析、練習へと進む。5分経ったらざっと答えを読み上げ、残りの時間で全員分析練習、とすれば大体10分。「練習」では、九九なら自分の苦手な段、間違えた計算のやり直し、100点なら、もっと難しい問題をつくって解いてみる、など活用できます。

☑ 漢字テストバージョン

　漢字学習のはじめに配り、もらったら意気込み（計画）を書き、その後教師が数問黒板に出題し、即答え合わせ。迷ったりすぐに出てこなかった字は練習の対象。終わった子から、分析練習。100点だった子の練習は、テスト問題に含まれる未習のためひらがなで書かれている漢字も辞書で調べて書けるようになることを目指したり、習った漢字の別の熟語を調べて書けるようにする、など学習を深めていくように促します（漢字テストではこのような学習の成果も発揮できるようにしてあげるとよい）。

☑ 作問シートにもなる

　勉強が得意な子たちの選択肢として「問題づくり」を設定する際も、このシートを使用させればそのままけテぶれ化できます。友達同士で交換するのもいいですし、よく書けているものは全員分印刷して、学習材料の一つにするのもいいでしょう。

他の教科でも けテぶれタイムを 導入するには…

☑ 実技系の科目はあてはまりやすい

　たとえば逆上がりの練習の過程は「いまからやる練習を見通す→実際に逆上がりをやってみる→できない理由を考える→理由に合った練習をする→次のチャレンジを見通す…」と、自然にけテぶれのサイクルがまわっています。このサイクルを「けテぶれ」という言葉で切り出してあげると、子どもたちの自己練習の時間の質が上がります。

　リレーの練習なら「チームで目標を共有する→タイムを測ってみる→自分たちの走りを分析する→結果に応じた練習」と、チームでけテぶれをまわす、といったことにもチャレンジできます。努力の共通言語として「けテぶれ」がある分、チームワークもよくなります。実は書写などもかなり明確にけテぶれサイクルをまわすことができます（座学におけるパフォーマンス課題も同様です）。

　また、たとえば体育科では、自分の姿をビデオで確認すると「分析」しやすく、外国語では発音を ALT の先生に 5 段階で評価してもらうなどすると、「テスト」が意識化されます。

　書写では、本番の紙は 1 時間に 1 枚、とすることで、けテぶれの小サイクルと大サイクルの違いを意識して努力することができます。

　教科の特性に合わせ、けテぶれのサイクルに行き止まりをつくらないよう環境整備することが大切です。

☑ 座学では「レクチャー」と「演習」を区別する

　実技系の場合、できるようになりたい目標が明確で、できたかどうかの判断も簡単なので、けテぶれのサイクルが実現しやすいですが、座学ではそれが不明確である場合があります。本書で、漢字→算数という順での導入をおすすめしているのはこれがわかりやすいからです。漢字は書けるかどうか、算数は答えが一つに定まり、どちらも確認が簡単（本質的な理解度が問われるので、その分、漢字よりは難しい）ですが、その他の教科単元はここがはっきりしないことが多いのです。

　しかし、その他の教科でけテぶれが適さないわけではありません。どの教科のどの単元も「基本的知識」があり、最終的な目標はもっと深いところにあったとしても、その目標達成には、最低限基本的な知識が前提になっているはずです。そういう「ここだけは頭に入れておいてほしい内容」は、事前にすべてリストアップし、答え付きの冊子にして配ると、子どもたちは「テストで問われる程度の表面的な知識」はけテぶれによる自己学習で獲得できます。

　この構造をとることができれば、たとえば社会科などで「社会科の見方考え方を活用した探究的な思考をさせたいが、そればかりやっていると基本的な知識が全然定着しない」的な問題を一歩前に進めることができます。毎授業、短時間でもそのような基本的で表面的な知識の理解と定着を目指したけテぶれタイムを確保すればいいのです（さらに、「説明できる」の段階で探究的な問いを設定し、「説明」に挑戦するときには、その問いに対する答えをつくりましょうとすれば、学習と探究が地続きに連結されます）。

けテぶれ的思考を教科以外の活動に活用しよう

☑ 「やりっぱなし」で流れていく活動

学校には、子どもたちが主体となって行うことを想定した活動が多くあります。掃除や給食、係活動や総合の時間などもそうです。それらがうまく機能しないのは「やってみる」しかなく、さらにそれがどうだったかのチェックもなく、ただ「やりっぱなし」だからです。けテぶれでいうと「テ」ばかりで丸付けすらしないという状況ですね。これは、従来の授業の演習時間の問題点と同じです。いまの学校には「やりっぱなし→やればいいだけ」の活動が多くあるのです。

☑ けテぶれ的思考で「やりっぱなし」を防ぐ

演習時間の問題を「けテぶれタイム」が解決できるように、**掃除や係活動にもけテぶれ的な考え方を取り入れることで「やりっぱなしの活動」になることを防ぐことができます。**たとえば掃除でいえば、掃除時間が始まったときいきなり掃除を始めずにまずチームで集まってその日の掃除をどのように行うかという「計画」について全員でさっと共通理解をします。それが終わり次第、掃除開始、終わればみんなでチェック（丸付け）を行い、＋−→を出し合い簡単に分析をする。計画したことは、ホワイトボードに箇条書きにしておくと、活動後のチェックがやりやすいです。

実際にノートやけテぶれシートを使った本格的なけテぶれをまわさなくとも「けテぶれ的思考」さえ、意識的に使うことができれば、やりっぱなしだった活動が、日々少しずつ積み上がるようになります。

✅ 個々がけテぶれをまわせるからこそ、チームでもチャレンジができる

教科学習の領域でのけテぶれは徹底的に個人的なものですが、教科外の活動となると、「自分たちはどうするか」と、主体がグループ単位へと拡大します。これは、自分さえしっかりしていればいい（自律）、苦手なことは助けてもらえばいい、得意なことは助けてあげればいい（自立）という個人が主語の活動に比べて、難易度が飛躍的に上がります。そこに特別活動の意義があるとは思いますが、難しい分、指導者のコーディネートが大切になっていきます。

そのとき、**「けテぶれ的思考」をメンバーが共有している、ということが子どもたちの協力、協働的な活動を強力に支えてくれるのです。**チームの目標に向かって「自分たちはどうするのか」という問いに対して、「まず計画を立てて、それを実行して、結果を分析し課題を洗い出して、焦点化した練習をする」という答えをメンバー全員が共通理解しているという状態は、子どもたちの活動を支えるための非常に強い知識となり得ます。

✅ 協力、協働は、自律、自立が前提

一方、個人として「いかに自分を動かすか」という自律、自立の力は教科学習で徹底的に鍛えることができています。そんな子たちだからこそ、チーム単位でのけテぶれに挑戦する価値があるのです。

いままでやらされるだけ、やればいいだけだった掃除や給食当番などの活動が、教科学習で身につけた個人的なけテぶれスキルをチーム単位で発揮できるかどうかのチャレンジの場になるわけですから、子どもたちにとってもこの構造はワクワクしますね。

けテぶれ×生活で、学校生活をまるごと自分ごと化

☑ 自分の生活をけテぶれする

　「チームでのけテぶれ」ではなく「個人でのけテぶれ」の拡大案としては「1日の生活をまるごとけテぶれする」という方向性があります。

　やり方は簡単で、朝の会で1日の計画を立て、給食後や掃除後の時間で中間分析、午後で調整して、終わりの会で振り返りです。これをシートに記述しながら行い、帰るときに完成したシートを提出します。

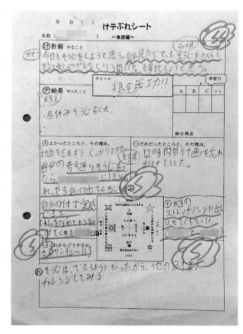

☑ 生活けテぶれ×道徳

　この「生活けテぶれ」は、道徳での学びと非常に強力に連動します。言うまでもなく道徳の学習は子どもたちの生活に直結する内容ですので、子どもたちは日々のけテぶれシートで実際に自分が悩んだりチャレンジしたりしてきた内容と、その日に学ぶ道徳の学習内容を深く関連付けて考えることができ、道徳でありがちな「お手本的な答えを言えばいいだけ」の状態になることを防げます。

　指導者としても、日々子どもたちのけテぶれシートの記述を見ていれば、道徳の時間の学びをそれらの記述と関連付けて説明したり価値付けたりすることができます。

　このような仕組みの中で子どもたちは「道徳で学んだことを1日実践してみる」と道徳の学びを次の日の「計画」に反映させ、実際の行動として実行できるかにチャレンジをすることができるようになります。「頭でわかっていても、実際の行動には表わせない」これは道徳の学習が抱える大きな問題の一つですよね。生活をまるごとけテぶれ的思考で覆うことで、この問題を一歩前に進めることができます。

☑ 学校生活をまるごと自分ごと化

　このような仕組みの中で、ロッカーの整理が苦手だった男の子は、その課題解決のために日々けテぶれをまわし、ロッカーだけでなく自分の机の中もとてもきれいに管理できるようになりました。またある子は、男子としゃべるのが苦手だからそれを解決する！　としたり、ありがとうの効果について調べるなどといった探究的な思考をしたり、一度成功したことを100回成功させて、当たり前化させる！　と努力したり、本当に豊かな学びの姿が見られます（もちろんここには教師による徹底的なフィードバックと価値付け、語りが必要不可欠です）。

　教科学習のけテぶれが「学びを自分ごと化する」のならば、生活におけるけテぶれは「学校生活をまるごと自分ごと化する」のです。

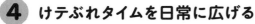

宿題もけテぶれ化しよう

☑ 慣れてきたら宿題でもけテぶれ!

　学校での授業で子どもたちが「けテぶれ」という学び方に十分慣れてきたら、「宿題もけテぶれでできる?」と働きかけてみてください。授業と宿題の両方でけテぶれ的に学べる環境をつくることは非常におすすめです。

　「けテぶれの目的は"自分で勉強ができるようになること"だよね。ということは、家で一人でけテぶれを使って勉強ができるかどうかにチャレンジする、ということはとっても重要なことだよ」などの語りで伝えましょう。大きな目的と、具体的な目標、自分で使いこなせる"けテぶれ"という手段があれば、子どもたちは動き出せます。**学校で十分にけテぶれに習熟してから、宿題に展開するという流れは、いきなり宿題でけテぶれを行わせるよりもより丁寧な導入にもなります。**

　P144で紹介したような「けテぶれワークシート」を作っているなら、そのプリントを持ち帰れば家でもけテぶれができるので、宿題でのけテぶれはさらに簡単になりますね。

　より詳しいはじめ方や、さらにそれをどう深めていくかに興味があれば『「けテぶれ」宿題革命!』(学陽書房) に詳しいです。

☑️ 宿題と授業の両方でけテぶれがまわると…勉強が苦手な子が救われる

　「宿題」でも「授業」でも、自分で内容や方法を選択して学ぶ環境が用意できれば「宿題でわからなかったことは、授業で聞く⇄授業でわからなかったことは、宿題で補う」というサイクルがまわります。これは授業でみんなのペースに追いつけない子にとっては非常に助かるはずです。

　いままでは、授業中に「あまりしっくりこないなぁ」と思っていても、宿題では画一的な作業を要求され、次の日学校に行けば問答無用で次の内容に進んでしまっていました。個人的な疑問や違和感にしっかり向かい合うタイミングがまったくないのです。そういうことが積み重なってしまえば、学習がわからなくなってしまうのは当然です。

　宿題と授業で「けテぶれ」ができれば、そういうケースが発生する可能性を下げることができます。授業でわからないことは、宿題でじっくり取り組み、それでもわからなければ、次の日の授業で友達や先生に聞けばいいのです。

　「先生、この問題、家でもやってみていいですか？」こんな当たり前の意識が子どもたちの中に芽生えていきます。シンプルで当たり前のサイクルが確実に実現される。この状況は勉強の苦手な子を救うことが容易にわかりますよね。

☑️ やる気が出る。維持する

　宿題におけるけテぶれを実践する上での悩みで多いのが「そもそも学ぶ気がない」という子に対するアプローチが難しい、というものです。やる気はあるのだけど、みんなのペースに追いつけない、という子は前述の宿題と授業のけテぶれサイクルの中でかなり救われますが、そもそもやる気がない子は、宿題にけテぶれを導入したところで自ら学ぶようになる姿はあまり想像できませんよね。家で一人で取り

組むというのは、実は結構ハードルの高いことだったりします。

　しかし、それが授業となると様子が変わります。同じ空間に、同じ年齢の仲間が、一生懸命学習に取り組んでいるのです。そういう状況が、やる気のない子に及ぼす影響は大きい。「みんなやってるからやる」は人間の行動原理の中でもかなり強いパターンです。

　そしてモチベーションは行動から生み出されます。「やる気がある→やる」でなく、「やる→やる気が出る」です。宿題になかなか取り組む気がわかない子も、授業でみんなと勉強してみれば、少し宿題でも頑張ってこようかな…という気持ちになります。

　実際にこういう例は本当に多く目にしてきました。車のエンジンを始動させるときもまずは外部の回転力をもらうことが必要ですよね。学びのエンジンも同じように、まずは外側からの回転力をもらうことで、始動するということがよく起こるのです。

　この構造は、「モチベーションの維持」にも当然効果的です。家で一人でやるだけの「けテぶれ×宿題」ではどうしてもモチベーションの維持が難しい。しかし授業と宿題が連動し、共に頑張る仲間がいることで、モチベーションが維持されやすくなるのです。ある子がやる気が出ないときの対処法として、「友達が頑張っていた姿を想像する」という方法を教えてくれたことがあります。頑張る仲間の存在は自分の背中を強く、温かく、支えてくれるのですね。

☑ 成長のキャップが外れる

　これまでは「学力の低い子どもたち」「学習意欲の低い子どもたち」にフォーカスを当て、そういう子たちにけテぶれがどう作用するのか、と見てきましたが、けテぶれの効果はそれだけではありません。

　それらに加え、もっとも大きな効果の一つとして「上位層の成長のキャップを外せる」ということがあります。けテぶれは何をどれだけ学んでもOK。成長にキャップがされることはありません。自分で学ぶ環境において、習っているか習っていないかなんて問題にならない

からです。この環境は「学力の高い子」「学習意欲の高い子」に火をつけます。一日数十ページも学習をしてきたり、どんどん先の単元に学習を進めていったりする姿が見られるようになります。

その上で「授業でのけテぶれタイム」を確保すれば、困っている子にいまの学習内容を説明するために自分の理解度を深めようとしたり（説明できるの段階）、学習プリントを自作したり、タブレットの動画撮影機能を使って、単元の解説動画を作ったり（教えられるの段階）と、たくさんの試みをするようになります。

そして、こういう子たちの勉強に向かう熱がクラスメイトに伝わり、無限に賢くなろう、無限に賢くなれるのだ！　という雰囲気を生み始めます。上位層の成長のキャップを外すことは、その子たちの成長だけでなく、教室全体の学びの熱量を上げることにつながるのです。

☑ 力のある子の成長を止めないために

いまの学校教育では、勉強が苦手な子や、やる気がない子に対しては支援が講じられやすいですが、その一方で学校の勉強が簡単すぎて力を持て余している子は、よくできているから、とほったらかしにされている状況があります。その結果、本来もっともっと「学ぶこと」を楽しめるはずの子どもたちが、その成長にキャップをされ、伸び悩んでいるのです。

これは、イルカの子どもを25mプールに入れて、いつまでも息継ぎの練習をさせているようなもの。これほどもったいないことはありません。けテぶれを指導する際には、こういうどこまでも伸びる力がある上位層もしっかり視野に捉えておきたいところです。

けテぶれ初期～中期の教師のまなざし

けテぶれ導入当初のクラスに差はない

　まず前提として、けテぶれを導入したはじめのクラスの反応にそこまでの差はないのではないかと思っています。つまりいま、子どもたちの輝く学びの姿に喜んでおられる先生のクラスも、不安に思われている先生のクラスも、おそらく状況としてはほとんど同じである"可能性"（あくまでも可能性です）があるのです。

　でもA先生はうまくいったと思い、B先生はうまくいっていないと思う。この違いはどこにあるのか。それは、子どもたちの姿ではなく、教師の意識のベクトルの違いにある場合が多いのではないかと思っています。つまり、クラスのうまくいっている部分を見ているか、うまくいっていないところを見ているかの違いです。

教師は集団の上位層に意識を向けるべき

　ここまでなら「ああ、そうか」というレベルの話なのですが、問題はここからです。この指導者が向ける意識のベクトルの違いは子どもたちの意識のベクトルに大きな影響を及ぼすのです。

　指導者が「できないこと、困ったこと」に意識を向ければ、子どもたちの意識もできないこと、困ったことに向く。指導者が「できていること、すごいこと」に意識を向ければ、子どもたちもそちらに目がいく。これが積み重なれば、導入当初には実は差がなかったクラスの姿は、1年後、まったく異なる姿になっているということがあり得る気がしています。

　たとえば、カール・ルイスが100mを9秒台で走ったとき、みんなその結果に驚き、喜び、たたえ、憧れますよね。そうすると、その後9秒台で走る選手が続々と出てくる。これはスポーツ界では有名な現象です。でもカール・ルイスが世界で初めて9秒代を記録したとき、世界の他の人たちは10秒の壁を越えられず困っていたわけですよね。このとき、一人の9秒台に着目せず、10秒台で困っている選手たちを嘆き、いまの走法ではやっぱり難しいよなぁ越えられても一人か…、と世界の人たちが捉えれば、どうでしょう。9秒台で走れる人はその後、増え続けるでしょうか。その

増え方は前者と変わらぬスピードでしょうか。何だかそうはならない気がしますよね。

　教室でも同じです。けテぶれを受け取った子どもたち一人ひとりをよく見てください。その中に、一人でも、たとえ世界記録レベルではなくても、学びの海を自由に泳ぐ子はいないでしょうか。相対評価でいいのです。そのクラスの中の世界記録であれば、それでいいのです。指導者はぜひ、その一人の姿を取り上げ、喜び、たたえてあげてほしいのです。すると、その子に近いレベルの子たちが、その先のイメージを明確に持つことができます。そして、まねし、アレンジし、新たな世界記録を出すようになるのです。教室のポジティブな影響の連鎖反応とはこうして起こしていけばいいのだと思っています。その起点は何といっても教師です。

"変化しようとする層"こそ真の上位層

　では低、中位層はどうするのか、と疑問を持たれる方もおられると思います。はじめはトップ層の輝きにフォーカスし、その姿に驚き、たたえます。そうしながら、低、中位層の姿を注意深く観察しておくのです。

　次に取り上げるべきは低、中位層の"変化"です。トップ層がいきなり輝くのは"もともとできた"からです。プールにいたイルカを海に放てば当然ものすごいスピードで泳ぎ始めます。

　でも、低、中位層はそうではなかった。その低、中位層が変化したということは"はじめはできなかったことが、できるようになってきた"ということです。これほどすごいことはありません。もともと持っていた力だけで勝負している上位層にも成し遂げられていない子はたくさんいるはずです。

　そして「けテぶれ」で重視したいのはまさにこの「現在位置から自分の力で一歩進む姿」です。僕はこれを短く「学習力」といっています。けテぶれに取り組むクラスの真の上位層はこの「学習力」を発揮できる子どもたちです。そしてこの層と「学力」のトップ層は必ずしも一致しません。

　「学習観」を徐々に更新していく。こういうことが必要です。

できるできないではない。やるかやらないかだ

　初期にトップ層をほめた後は、低、中位層の変化を見つけ、そこに驚き、

ほめたたえるのです。こうすることで子どもたちは徐々に、「できること」よりも「できるようになること」の方が楽しいと気づいてきます。「できる」からといって、学習時間の大部分をぼーっと過ごしていても楽しくないですよね。

　物事を楽しみ、成長するためには「できるできない」を問題にしていてもしょうがない。「やるか、やらないか」が大切なのだ、という気づきと意識を育んでいくことが大切で、それって多分本質的で、自然だと思うんです。

　この意識のうねりはどこから生まれたのでしょうか。それは教師の意識からなのです。もう一度言いますが、指導者の意識のベクトルは、子どもたちの意識のベクトルに大きく影響します。教師の意識のベクトルを操作することもまた、意図的な関わりの一つなのです。ぜひ、この点に気をつけて見てください。教室のなかの最高到達点を見つけ、その姿を喜び、たたえてあげてください。ポジティブな相互作用はそこを起点にまわり始めます。

第 3 章

ジャンプ！

子どもが学びの
主体となる

けテぶれ授業革命の本丸
～教室は子どもたちが学習をする場所である～

☑ 革命は1時間まるごとのけテぶれから

　ここからが、けテぶれによる授業革命の本丸です。前章では、１時間まるごとけテぶれタイム化することに挑戦しましょう、ということを述べました。これは授業時間中にコンパクトなけテぶれタイムを取ることの延長として紹介しましたが、実はここで質的な大転換が起こっています。それは「基本的に先生から教えてもらう環境で、部分的に取り組む自己学習」から**「基本的に自分で学習を進める環境で、必要に応じて教師からの指導を受ける」**という学習環境における構造の大転換です。

　本書では、「１時間まるごとのけテぶれタイム」のような時間を単元時間中徐々に増やしていき、最終的には「単元進行は基本的にはけテぶれによる自己学習で進める」というレベルまで持っていきます。

　このとき初めて指導者は本質的に子どもたちの自己学習を補助、促進、拡大、深化させるための存在となります。

　第１章で述べた**「教室は先生が授業をする場所ではない。子どもたちが学ぶ場所である」**はこうして実現されていきます。

☑ 型があるから、自由になれる

　このような大きな自由を手渡すとき、「けテぶれ」という学びの型

があるかどうかで、子どもたちの学びの質が大きく変わります。ただ自由に学びましょう、と言われても何をすればよいのかわかりません。

しっかりとした型があるからこそ、授業のはじめの5分で「今日は"け、れ、テ、ぶ、れ"の順で学ぼうかな」とか「ある程度苦手はわかってきたから、今日は"れ"に専念しよう」というように、「学び方」についての思考ができるようになり、大きな自由の中でも迷子にならずに自分の学びを自分で動かすことができます。

また、席を立って友達と学び合おうとする前には、自分で計画を書き、自分でテスト、丸付け、分析をするという、個人学習において自分の課題を意識するような思考の過程があります。これがあることによって、無策にただ席を離れる、ということが少なくなりいざ学び合うときには、ここの「分析」がよくわからないんだけど…とか、これを身につけるための「練習」ってどんなことをすればよいのかな？「けテぶれ」が共通言語として機能することで、子どもたちは「学び方」についての対話をすることが可能になります。

このように自由に学び合う状況の中に「けテぶれ」という学び方の柱があることによって子どもたちは、自分の状況を理解し、状況に合わせた関わり合いができる"可能性"が高いのです。

☑️ すべて任せるには、相応の準備を

「教室は教師が授業をする場所ではない。子どもたちが学習をする場所である」そう捉えたとき、単元の進行は子どもたちが学習をする時間である「けテぶれタイム」が土台となり、そこに教師による一斉指導や意図的な活動がちりばめられる、といったイメージになります（P47参照）。基本的にはこの考え方ですが、こういう学習空間を本当に豊かなものにするためには、環境や仕組みを丁寧にデザインする必要があります。もう学べるんだから、全部自由ね！　とするには、いろいろな整備が必要だということです。第3章からはこの点を丁寧に説明していきます。

けテぶれ授業革命で
子どもたちは何を得るか
～自ら学ぶことで自らについて学べ～

☑ より深い楽しさを味わうために

　けテぶれ的な学びを始めて1,2ヵ月の子たちが「勉強楽しい！」と言うのはある種、当然です。「歩くときはこの歩幅で、この靴で、このペースで！」と制限されていた子に、自由に歩いていいよ！　走ってもスキップもいいよ！　と言ってあげた、という状況に近いからです。

　まずはこの「歩く楽しさ」をちゃんと"いま思い出させて"あげることはものすごく大切なのですが、それだけに満足してしまうと、もっと深く大きな学びの楽しさにはたどり着けません。

　好き放題やれる楽しさの先には、狙った歩幅、狙ったペース、最適な靴で「思い通りに学べる」ということを狙います。そのためには、「歩いた結果、あなたは狙ったところに狙い通りに到着できたか？」という視点で自分の学びを徹底的に振り返り、自分の学びをチューニングしていく必要があります。このチューニングが合ってきたときに、さらなる楽しさが出てくるのです。これは「カラオケで大声で歌うのが楽しい！」というレベルから、「曲の雰囲気や自分の伝えたい感情を思い通りに表現するのが楽しい」という楽しさの変化にも似ています。

　そして、このような深い楽しさを味わうためには、自由な空間の中で「自分自身」に出会い、自己と対話し、自己に対する理解を深めていく、という省察的な思考が必要不可欠です。

☑ 自ら学ぶことで、自らについて学ぶ

　自由な学習空間で、自分で考えて自分で行動する中で子どもたちはさまざまな失敗や成功、楽しさや退屈さを味わいます。その過程を省察し続けることで子どもたちは「自分自身」に出会っていきます。自由な環境での自分の足跡には「自分自身」が映るのです（先生の言う通りにするだけの過程を振り返ってもそこに「自分」はいません）。

　自立した学習者になるには、「自分」について詳しくなっていくということはとても大切です。自分に合った学び方を探究するには、「自分」がどういう存在かを、深く理解している必要があるからです。

　さらにこの「自分についての学び」は、自立した学習者を越え、人格の完成にまで到達し得る大切な学びだと思っています。

　「自分」とは何者か。こういうことを考えさせずに、自分とどんな関係にあるかもわからない国語や算数を詰め込み、主体である自分が何者かもわからないのに、主体的な態度だけを求め続けても、子どもたちはただ混乱するか、表面上よいとされる振る舞いをするのみで「深い学び」には到底達し得ません。「自分」に向き合うことなく、ただ自分の外側の「正解」ばかりを飲み込んでいけば、当然、子どもたちは「自分」を見失います。仮面をかぶり続けるうちに、本当の自分の顔を忘れてしまうのです。

　残念ながら、いまの学校教育（ひいては現代社会）には、こういう性質が色濃くあります。こんな環境で、こんな状態で、子どもたちが自信を持って、自分の人生を自分で歩めるようなマインドやスキルを身につけられるとは思えません。

　これ以降で述べる「授業革命の本丸」では、このレベルから根本的に変えられると確信しています。けテぶれを合い言葉にした自由な学習空間で生み出したい学びとは、ここまで深く遠くまで響くものなのです。その学びを生み出す源泉こそが、自分の学習経験を深く振り返る「省察」なのです。この時間を最重要視しています。

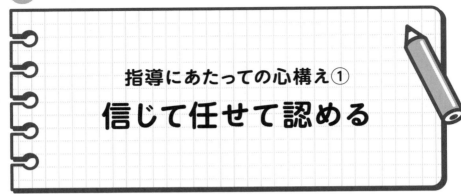

指導にあたっての心構え①
信じて任せて認める

☑ 未来を待つのではなく、いまを楽しむ

けテぶれ実践の本丸において、指導を支える柱が「信じて、任せて、認める」という姿勢です。

子どもたちの学びに向かう力を信じ、トライを任せて、エラーを認める。これを「待つ」と表現されることがあります。僕の感覚は少し違います。

素敵な姿が現れるまで、待つのではなく、いま既にその瞬間、自分で選ぼうとしている瞬間、悩んでいるその瞬間が既に素敵だと思っています。

その瞬間瞬間に徹底的に興味を持って、いまいる場所から、どこに進もうか、進んだ結果どうだったか、進まなかった結果どうだったか、そういうことを子どもたちと一緒に豊かに悩むことを楽しむことができればよいのだと思います。

☑ 信じる心に期待はいらない

似た違和感を「信じる」においても感じることがあります。

子どもたちを「信じる」というとき、きっと子どもたちは自分が望む姿に成長してくれるはずだ、という期待がある感じがするときがあるのです。

子どもたちの立場で考えたとき、そんな目線で見られてもあまり気持ちよくありませんよね（もしくは、そんな目線が気持ちよくて、それに応えようと頑張る、というのも長続きしません）。

　僕がここで用いる「信じる」とは、それよりももっとアッケラカンとしており、「信じる内容が、実際にそうであるかどうかという点については、まったく問題にしない」という感じです。

　いま私たちが生活している場所は「地球」である、とみなさん信じていますよね。この場合の「信じる」には「そうであってほしい」といった期待が挟まる余地もなく、地球であるかどうかはほとんど問題にしない、というレベルで信じている感じがします。

　僕が子どもたちを信じるとはこういう感覚です。

　人は学ぶし、協力するし、前向きなエネルギーを持っている。これはもうそうであるかどうかが問題にならないほど、はっきりと確信しています。だから任せられるのです。そして、相当の失敗をしようとも動揺せず認められるのです。たとえその日、その子が、もしくはクラスが、学びに向かえなくとも、まぁそんな日もあるよね、というレベルの話に過ぎません。

　たまーに夕方、赤くおどろおどろしい月が出ていることがありますよね。それを見て、もしかしたらここは地球じゃないのかもしれない！なんて不安になりませんよね？　まあそんな日もあるよね、と流せるはずです。それと同じです。

☑ 期待をするくらいなら、現実的な方法を考える

　しかし、そんな悠長に構えているだけでは子どもたちの成長は鈍ってしまいます。失敗も成功も、大きく受け止めると同時に、子どもたちの成功確率…いえ、"成長確率"を高めるための手立てや語りは徹底的に行っていくべきです。教師自身の「けテぶれ思考」がまわる教室ほど、子どもたちのけテぶれもパワーアップしていくはずです。

1 算数1単元でのけテぶれに挑戦

指導にあたっての心構え②

子どものチャレンジを止めない

☑ 任せきるから、結果を認められる

「けテぶれ」という概念と自由に学べる環境を用意すれば、水を得た魚のように生き生きと学び始める子もかなり高い確率でクラスに現れるはずです。うまくいけばそんな子は教室にどんどん増えていくでしょう。それは同時に、コチラが予想もしないようなアイディアが出てくることも意味します。

たとえば「漢字の学習でノートに字を書かない」という方法を取る子がいました。その子は、自分は漢字をノートに書いているうちに混乱してくることに気づき、その方法をやめてみようと思ったのです。代わりに、ドリルをただ眺める、という方法を採用しました。

「任せきる」とは、こういう姿に出会ったとき、「いやいや、漢字ノートが無駄になるからだめ」などと言って、その試みに蓋をしてしまわないようにしましょう、ということです。実際、その子はその方法を取るようになってから、いつも 10 点、20 点だった漢字のテストが90 点を下回ることがなくなりました。

☑ 子どものチャレンジを無下に止めない

この子のように、ある目標に対して、取り得る手段は無限に考えられます。もちろん紹介したような成功例ばかりではありません。まっ

166

たく効果のない方法を試す子もいるでしょう。しかし、その選択が、その子なりに工夫して編み出したものなら（何度も助言はしますが）、それを無下にやめさせる理由はありません。その子がその子なりに考えて、動いた結果は、その子が受け取るべきものです。徹底的に任せきるからこそ、教師もその子も、行動の結果を認められるのです。

先ほどの「漢字を見るだけ」という方法を取る子は、過去にもう一人いました。その子はある程度点数の取れる子でしたが、「見るだけ」という方法を取ることで、結果がどんどん悪くなってしまいました。

学習の過程では「ノートを使った学習も大切だよ」と声をかけ続けましたが、結局その方法を変えませんでした。これは「先生の助言と自分の判断を比較し、自分の判断を優先する」というその子なりの選択です。目的はもちろん「漢字を学習する」です。その後テストを受けてみたら、結果が悪かった。つまり、ちゃんと漢字の学習ができていなかった、ということです。

その結果が出たとき、僕はその子がテストの結果と自分の学習方法を関連付けて考えられるようにサポートをしました。その結果、その子は「見るだけ」という方法をやめ、ノートにたくさん練習する、という方法に切り替え、テストの点数も安定してきました。

有効ではない方法は"やめさせる"のではなく、"やめた方がいいと判断できるような仕組みをつくり、その仕組みの中で試行錯誤する子どもたちの挑戦や思考をサポートする"という姿勢を大切にしています。

✅ 疑い、管理し、否定すると、成長は止まる

こうして、子どもたちを信じて任せて認めるということが具現化された環境の中で、子どもたちは失敗の先によりよい失敗を重ね、少しずつ進んでいくことができるようになるのです。学び方を学ぶ、といったプロセスはこういう泥臭いトライアンドエラーによって成り立っているのです。どうせズルをするからと子どもたちを疑えば、それが環境に具現化され、不要な管理と、結果の否定を呼び込みます。

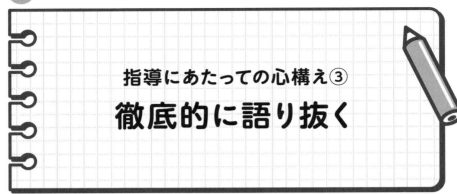

指導にあたっての心構え③
徹底的に語り抜く

☑ 「何でもあり」ではない

　信じて任せて認めるあり方が具現化された環境で、子どもたちには自由な挑戦と豊かな失敗を経験できるようにしますが、それは「何でもあり」の空間ではありません。

　けテぶれ実践とはどの瞬間も［自己学習力の獲得］という目的があり、もちろんその目的は教育のもっとも大きな目的である「人格の完成」の過程の一部であり、子どもたちはそれを獲得するために、テストに向けて自己学習に取り組んでいます。

　つまり、いかなるチャレンジも、目標や目的に向かうものでなければなりません。この点は常に子どもたちに意識させ、そこへ向かうために何が必要なのか、どう考えればよいか、ということは語り続けます。

☑ 教師の語りは、判断材料の一つ

　けテぶれ指導の初期段階における語りは「けテぶれとはどうやるのか」という正しいやり方を伝えるための語りが主です。それに対して中期以降では、学習にどういう姿勢で取り組むか、いまの自分の状態をどう考えるかといったあり方や考え方についての語りが多くなり、その中で「やり方」はどんどん多様化していきます。それは明確でた

だ一つの「正しいやり方」を受け取ればよい、という世界ではなく、多様なやり方やあり方を知り「結局自分はどうやるか、どうあるか」ということを自分で決めなければならない世界です。

　よって、教師の語りはすべて、「先生はこう思うけど、君たちはどうする？」というスタンスとなります。基本は徹底的な自己選択、自己決定。「考える⇄やってみる」を往復すること。先生の語りは「考える」を促進するための一つの情報提供に過ぎません。自分のあり方を決めるための一つの判断材料でしかなくなってきます。

☑ だからこそ、徹底的に語り抜く

　教師の語りは教師が自分のあり方を決めるための判断材料の一つです。だからこそ、教師は、自己学習力、けテぶれ的な価値について、徹底的に考え抜き、悩み抜き、いまもなおそれをし続けている人間として語る、ということが大切だと思っています。

　子どもたちも、自分たちが頑張っている学習について、自分たちよりも圧倒的に考えを深めている人だからこそ、耳を傾けたくなるのです。「この語りの裏には少なくともこの教室の誰よりも多くの『考える⇄動く』をした上で語っている」。こういう教師自身の意識が、語りに説得力と熱を持たせます（これがない語りは上滑りします）。

☑ 教師の語りは、子どもたちの省察との両輪で

　一方、いくら教師が熱く語ったところで、クラスメイトの素晴らしい姿を目にしたところで、自分と向き合い、自分について知ろうとし、自分に働きかけようとしない限り、成長はあり得ません。そういうことを促すためには、自分の学習を振り返る省察（リフレクション）の機会を大量に用意する必要があります。子どもたちを信じて、任せて、認めるのも、その中で徹底的に語り抜くのも、すべては、子どもたち一人ひとりの自己省察を促すためといっても過言ではありません。P131で紹介した「けテぶれシート」はこれを促すためのツールです。

目的、目標、手段の関係を押さえよう!

☑ 徹底的な自由を支えるのは「情報」

　たとえばけテぶれの「れ」だけは自由にしてよい、といった限定された自由の中では、目の前の課題を解決する、というコンパクトな目標に向かえばいいので、子どもたちはそこまで迷うことはありません。けテぶれの初期ではそういう機会を丁寧に確保し、その中で何をするのがいいのか、どう振る舞えばいいのか、という学びの「型」を手渡していくというアプローチを紹介していきました。

　そういう環境から徐々に自由度を上げ、単元進行中の多くの時間を「何をやってもいい（よりよく学べるのなら）」といった徹底的に自由な環境にすると、子どもたちは多くのことを自分で考えて、自分で判断する必要に迫られます。子どもたちに、考えさせ、判断させるためには、それだけ多くの判断材料となり得る「情報」を提供する必要があります。自由度が高まれば高まるほど、その空間に提供してやるべき「情報」は増えると思っています。

　これから紹介することは、けテぶれ初期においても当然意識されるべきものですが、自由度が飛躍的に高まる中期以降においては、よりいっそう子どもたち一人ひとりが明確に意識しなければならないことですので、ここで紹介します。

☑️ 「目的、目標、手段」が 子どもたちの自由な学びを支える

　まず、子どもたちに示されるべき情報とは何でしょうか。

　それは大きく「目的、目標、手段」の3点にまとめられます。「目的（なんのために学校に集まり共に学んでいるのか）」「目標（その目的に至るために何を目標にすればいいのか）」「手段（その目標を達成するためにはどんな手段があるのか）」という情報です。

　活動のゴール（目的）が見えなかったり、そこに魅力を感じなかったりすれば意欲はわかないし、ゴールに魅力を感じて意欲が出たところで、すぐにそこに到達できるわけではないので、「実際に、いまから目指すことができる場所（目標）」が見えなければ動き出せない。またそのために用い得る手段が状況に合わせて調整できず使いにくかったりすれば、せっかくのやる気もしぼんでしまいます。

　以上のことから、子どもたちの自由な学びを支えるには、**「目的は魅力的に、目標は具体的に、手段は柔軟に」**示すべきだと考えています。

本書で提案する「目的、目標、手段」

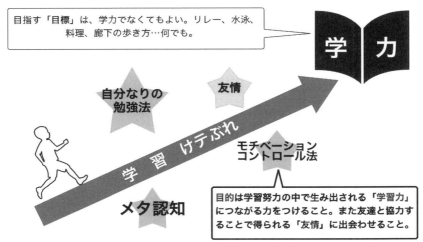

目指す「目標」は、学力でなくてもよい。リレー、水泳、料理、廊下の歩き方…何でも。

学　力

自分なりの
勉強法

友情

学　習　けテぶれ

メタ認知

モチベーション
コントロール法

目的は学習努力の中で生み出される「学習力」につながる力をつけること。また友達と協力することで得られる「友情」に出会わせること。

手段は柔軟に。いろいろ 試せる余裕と自由度を

☑ 柔軟な手段を支えるけテぶれ

けテぶれ初期は通信や交流会で目的目標手段の中の「手段」に関する情報を子どもたちに丁寧に手渡す段階でした。手段は、柔軟に。「けテぶれ」という型を示しつつ、子どもたちなりのアレンジをどんどん認めていくことが大切だということをお伝えしてきました。

「けテぶれ」という基本的かつ柔軟な手段を持っていれば、その手段を促進させるための道具としてタブレットや教科書、ドリルや参考書などたくさんのリソースを自身の学習に活用することもできます。さらに漫画版の『マンガでわかる　けテぶれ学習法』(KADOKAWA)も出版されています。けテぶれに行き詰まったときには、けテぶれの参考書まで用意できる状況になってきました。Instagram ではノートの実例も見ることができます (P77 の QR コード参照)。

☑ タブレットも手段の一つ

近年話題のタブレットも、自己学習ができる環境を整えることで、子どもたちはそれを物珍しいおもちゃとしてではなく、学習に用いる"手段"の一つとして相対化し、用途を考えながら使うことができます。

GIGA スクール構想が始まって、一人一台のタブレットが配られて以来「いかに授業中にタブレットを使わせるか」という議論をよく目

にするようになりました。こういうアプローチももちろん大切です。

　しかし、こういう議論を抽象化すると「タブレットを筆記用具と同じ学習の道具の一つと捉え、目的に応じた活用ができるようにさせよう」ということを志向しているとまとめられるのではないでしょうか。

　そうであるなら、いかにタブレットを活用させるかの前に、「学習とは具体的にどういう行為のことか」という点についての理解を深めていくことも大切だと考えます。

　タブレットの使い方や機能をいくら学んでも、学ぶこと自体への認識が浅いと、自分の学びにタブレットを役立てることはできません。本書では徹底的に「学ぶこととはどうすることかという認識＝けテぶれ的学習観」を鍛えようという主張です。

　「タブレットのような便利な道具を現場にインストールするためには、まず学習観という OS をしっかりとアップデートしよう」という感じですね。それさえできれば、細かな指導などなくても、子どもたちはタブレットを必要に応じて便利に活用していけると思うのです。

☑ 「他者と学ぶ」のも手段の一つ

　自身の学びを促進するための要素として「他者と学ぶ」は非常に効果的です。しかしこの「他者との学び」を適切に使いこなすということは、タブレットの活用よりもはるかに難しいです。

　手段を使いこなしていくためには多くの失敗をし、そこから学んでいく必要があります。さらに、それ以前にそもそも子どもたちが「他者と学べる環境」が整っているかどうかにも注意を払うべきです。ただ単に、「困っている人を助けましょう」というだけでは、誰がどこで、どのように困っているかがわかりません。ネームプレートなどを使って、学習の進捗状況を表示したり、机に「教えてマーク」を表示して見えやすくしたり、といった**仕組みづくりや、間違えることや人を頼ることを安心して経験できる学級の風土づくりも同時に進めていく必要があります。**

目標は具体的に。 いつまでに、 どうなっていればいいか

☑ 目標は具体的に

　柔軟な手段＝けテぶれです。その柔軟さとは、自分に合わせて改変していけることと、けテぶれという方法の中にさまざまな学習のアイディアを盛り込むことができるという柔軟さです。

　後者の特徴を活かすために、自由な学習空間ではその中で選択できる方法を多様に示すことが大切だということを述べてきました。これを登山にたとえるなら、「基本的な山の登り方 (けテぶれ)」と、登山に使うさまざまな道具 (教科書、ドリル、タブレット、ホワイトボード…) を準備した、という段階です。一緒に山に登る仲間もいます。

　あとは「目標」さえ定めれば、子どもたちは自ら学び始めることができます。**ここでいう「目標」とは「いつまでに、どのような状態になっていればよいのか」という情報のことです。**もう一度登山でたとえるなら、「今日のお昼までに5合目まで登ろう」といったものですね。

　学習においても「いつまでに、どうなればいいか」という2つの情報があれば、「では今日は何をしよう」というその日の学習計画を立てたり、「残り時間が迫ってきているから、ペースを上げよう」といった調整をすることができます。

☑ テストで何が求められているのか、という ゴールイメージ（評価基準）を共有する

　子どもたちが自己調整しながら学習を行う環境を整備していくときには、「いつまでに」という情報は簡単に共有することができますが、「結局どうなればいいのか」というゴールイメージが明確に共有されているかどうかには注意深くならないと、指導者と子どもたちの間でずれが生じてしまう可能性があります。これがずれると、子どもたちは何を基準に自分の学び方を選択、調整すればよいかがわからず、楽な方、効果的ではない方に子どもたちの学習が傾いてしまいます。

　入門期は１時間ごとにゴールを設定するといいでしょう。 たとえば「今日の１時間は〇〇が目標です」とし、「それに向かってそれぞれにけテぶれをまわしましょう」となります。そのゴールを徐々に遠くに設定することで１授業にとどまらない「けテぶれタイム」を実現していくことができます。

　遠くのゴールの例としてはまず、週末のテスト、単元末テストがあり得ます。 テストというのは子どもたちにとっても非常に具体的でわかりやすいゴールです。そこでしっかり合格点が取れるように、１週間、１単元、勉強を積み上げる、ということでいいと思います。

　こういうシンプルな目標でも、実際に取り組ませてみると、テストではどんなことが求められていて、そのためにいま何をしなければならないか、といった思考は子どもたちにとって難しいことがわかります。

　また、パフォーマンス課題をゴールとするのもいいでしょう。 単元末に１回勝負のチャレンジとするのではなく、単元時間中、何度も課題に挑戦できるような構造をとることができれば、結果から学び方を調節し、また次の挑戦に向けて学習をするというけテぶれをまわすことができます。

目的は魅力的に。自立した学習者像を描こう

☑ "やらせる"ときには「目的」を語る必要がある

「目標：いつまでに何を目指せばよいか」と「手段：どうすればよいか」を示せば、ひとまず子どもたちは学習を開始することができます。

しかし、この2点だけでは「なぜその目標を目指さなければならないのか」という学習の目的に関する問いに答えることができません。人間が行動を起こす上ではこの「目的への意識」がもっとも大切です。

大人だって、「こんな姿を目指しましょう。そのためにこんな手段が使えますよ！」と言われたところで、「なぜそこを目指すべきなのか。その目的は何なのか」に納得し、価値を感じないと、やる気にはなりませんよね。子どもたちも「何で勉強しなきゃいけないの？」という疑問は本当によく聞きますよね。

学校は義務教育であり、問答無用に子どもたちに勉強することを強制できるため、この「目的」を語るということがおろそかにされがちです。誰かに何かを"やらせる"とき、これがもっとも大切であるにもかかわらず、です。**けテぶれは、子どもたちに「自分で勉強する」ということを"やらせる"実践です。やらせるからにはその「目的」を語る必要があります。**「なぜ、けテぶれを合い言葉に自分で勉強しなければならないか」に対する答えを、わかりやすく、また魅力的に語る必要があるということです。（例…P100「テスト後の語り」）

☑ 語りが深く響くタイミングを逃さない

　自ら学ぶことの価値や重要性は子どもには抽象的でわかりにくい話です。それをしっかりと子どもたちに伝えるためには、**「子どもたちの文脈に合わせて語る」ということが非常に重要だと思っています。**

　たとえば、宿題にけテぶれを導入する際、「けテぶれ導入時にいままでの宿題に対しての思いをみんなで出し合い、その問題点や非効率性に同意した上で、けテぶれの目的を語る」という方がおられました。

　僕も、熱く語るときはだいたい、子どもたちがテストで大コケしたときとか、もしくはその反対に大成功したときなど、子どもたちの状況や感情が大きく変化したタイミングに、その状況に合った切り口で語る、ということが多いです。

☑ 具体的な姿をもとに語る

　質を高めようとする努力と同時に量を確保しようとする努力を忘れてはいけません（だからこそ、けテぶれは全教科、全授業で取り組むことで大きな力を発揮します）。

　語りの量を確保するには「個人の輝き」を見逃さずにキャッチして、そこから語るということです。僕の場合は、毎朝、朝の会の"先生からの話"の時間は、事務連絡は早々に終わらせ、朝の会がはじまるまでに見たノートや、前日に提出されたけテぶれシート（P131）の内容から、輝かしい取り組みを取り上げ、紹介するようにしています。

　たとえば、"今日は本気を出す！"という計画を書いている子がいれば、思いっきりそのよさをクラスに紹介します。本気を出す練習は"本気を出す"ことしかないからです。これを、「お！　いいね！」と流してしまうのか、「本気を出してみることの価値」をきちんとクラスに伝えられるか。けテぶれ指導にはこういうことが求められます。

　こういう関わりを積み重ねることで、学ぶことの価値、努力することの意義といった「目的」に関する情報を伝えていきます。

☑ 「答え」を押しつけず「問い」を共有する

　教師が学ぶ意味、自己決定する価値を語るとき、子どもたちもまた、それらの意味や価値について考え、答えを出そうとしているという状況をつくっておくべきだと思っています。教師は「語る」だけでなく、徹底的に「問いかける」存在であるべきだと思うのです。

　なぜ学ぶのだろう、なぜ自分で決めるのだろう、もっといい方法はないだろうか。このような問いに対する答えを、ただ一方的に押しつけるのではなく、問いを共有し共に考え、共に探究するという構図をつくる方が、子どもたちにとっても教師にとっても豊かな学びの場となるような気がしています。

☑ で、どうだったの？　と問う

　繰り返しになりますが、学びにおいては子どもたち一人ひとりが自分の行動を振り返り、行動をした結果を受け止め、思考しなければ、行動の質は向上しません。

　自分を振り返るタイミングとは、毎回のけテぶれタイムの後であり、テスト後の「大分析」の時間です。まとめると「自分で考えてやってみた後は、必ずそれを振り返る」ということです。これらの時間とは、簡単にいえば「で、どうだったの？」という問いに答える時間です。

子どもたちは学習を任されつつも、その活動の後、また単元末テストの結果が出ればその結果を受けて、「自分がやってきた勉強はどうだったのか？」と問われるわけです。

　こう書くと少しけテぶれタイムの授業の印象が変わるかもしれません。何でもありの自由な空間であると同時に、その行動の結果もまた自分自身で受け取らなければならない厳しい空間でもあるのです。

　自由な空間で、自分で考えて自分で動いたからこそ、それを振り返る価値があります。先生に言われたとおりにするだけの45分間を振り返っても、何を考えたらよいのかわかりませんよね。自分でやったからこそ、その結果も自分で受け取ることができるのです。そして結果をすべて受け取るからこそ、次の一歩をどこに出せばいいのか、ということもまた、自分で決められるようになります。

　この環境の中でいままでやらされるだけの学校の勉強が徹底的に「自分ごと化」します。そしてこのとき、子どもたちは本来の学びの楽しさを思い出し、遊びと学びの境界線がなくなり、遊ぶように学ぶような姿を見せてくれるようになります。「なぜ学ぶのか」といった抽象的な問いに対する答えは、このような豊かな学びの中からこそ見つかるものです。

☑ 「自立した学習者に近づく」という探究

　自立した学習者に近づくには「自分の特性を知り、それに合う方法を考え、実行してみた感覚から方法を調整し、気づきを言語化し…」といったプロセスを、一人で学ぶとき、友達と学ぶとき、国語を学ぶとき、算数を学ぶとき、少しやる気が出ないとき、やる気満々のとき…とあらゆる場面において考え、答えをつくっていくということが求められます。この中で子どもたちは大量の問いに出会い、それらに答えをつくり、また壊し、ということを無限に繰り返すことになります。けテぶれを使って学習をするときにはいつも「自分なりの学び方を探究する」という探究課題が並走しているわけです。

けテぶれの「大サイクル」を意識しよう

☑ けテぶれの大サイクルへと意識が移る

　ここで P41 で紹介したけテぶれの大小 2 つのサイクルを思い出してください。漢字の学習や算数の演習時間では、けテぶれの小サイクルを確実に身につけようという意識で取り組んでいるはずです。そこから、1 時間まるごとのけテぶれとなると、小サイクルは自分でまわせることを前提に、1 時間の学びをどう組み立てるか、という意識になってきます。これは徐々にけテぶれの大サイクルへと意識を移行させているのです。単元でのけテぶれではさらにその意識が強まります。

　単元のはじめにその単元での学習内容と、大テストまでに使える授業時数を把握し、大計画を立てます（ただし、ここでの大計画はあくまでも目安であり、単元進行中にどんどん更新していきます）。そして、単元進行中は常にけテぶれの小サイクルをまわし続け、大テスト（単元末テスト）に備えます。大テストが終われば、単元まるごとを振り返って、「大分析」です。

　指導者としては、このようにけテぶれの大サイクルと小サイクルの関係性と視野の広がりをしっかり意識しておくのがいいでしょう。なぜなら、小サイクルと大サイクルで少し頭の使い方が違うからです。**小サイクルが身についたからといって、大サイクルがすぐにまわせるようになるわけではありません。子どもたちの視野の拡大に合わせて、**

支援や指導の質も変化させる必要があるのです。

✅ けテぶれファイル

　子どもたちの「大サイクル」を支援するために、下の写真のような
シートを使うことがあります。

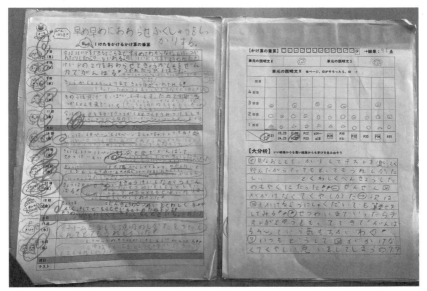

　左ページが大計画の欄、右ページ上がその単元に含まれるドリルと
教科書のページ数の表、右ページ下が単元すべてを終えたときに書く
「大分析」の欄です。

　大計画は、単元冒頭に一気に書いてしまってもいいし、１時間ずつ
その日の計画を書いてもいいという運用です。授業後には赤鉛筆で簡
単に振り返りを書き込みます。右上の表はドリルと教科書のそのペー
ジに取り組んでみて間違いがあれば×、不安が残れば△、完璧だと○、
答えの出し方の説明までノートに書ければ◎を書き込みます。大分析
は、大テストの時間に、テストを提出してから残った時間で、この単
元での学びを振り返って、書き上げます。

子どもたちに「現在位置」を知らせる

✅ 意識すべき「現在位置」は2種類

　どこで誰とどのように学んでもよい、という自由な学びの海で迷子にならないためには、「現在位置」を常に把握しておく必要があります。

　学びの海での現在位置とは、まず、「単元の中でいま自分はどの程度の学習ができており、あとどれくらいの学習が残っているのか」という学習内容面での現在位置があります。これは前ページで紹介したけテぶれファイルで常に自覚できるように支援します。ファイルの肝は**学習進度だけでなく、深度にも意識が向けられるようなデザイン**になっているという点です。学習進度という視点しかなければ、単元の学習内容は単なる「消化すべきタスク」でしかなくなります。そこに深度（できる→説明できる→…P115参照）という視点が入ることで、単元は真に学びの場となり得るのです。

　しかし把握しておくべき現在位置は学習内容だけではありません。学習方法についての現在位置もまた意識しておくべきです。「けテぶれ」という知識は、自分の学習がいま「計画、テスト、分析、練習」のどの位置にあるのか、ということを子どもたちに自覚させるために作用します。さらに、教室授業中の学び方には「友達と学ぶ」と「一人で学ぶ」という選択肢があり得ます。たった2択ですが、これは教室で自由に学ぶにあたって、非常に大切で、その作用、副作用について深

く理解しておくべき２点です。

✅ 心（しん）マトリクス

　僕の教室では、月＝個人学習、太陽＝グループ学習として、それぞれの作用、副作用を図式化したものを「心（しん）マトリクス」として図化しています。（P83で示した図をより汎化したものです）

　たとえば、「はじめから太陽に行くと、ダラダラに落ちるから、まずは月。月でやりすぎると、イライラに行くか、すっぽんゾーンに落ちてどんよりする。太陽でやりすぎると、ダラダラに落ちるか、北風に行って閉じたグループになってしまう。太陽学習でダラダラになったら、一旦話すのをやめて一人ひとりの月学習の時間をつくる。月学習ですっぽんゾーンに落ちたら、一旦、お花ゾーンで休憩し、太陽くらいまで上がってきたら、月へ戻る。」といった解釈が可能です。

　この図は、生活指導にも使えますし、使えば使うほど現実世界を深く解釈するツールとして強力に働きます。Twitterで検索すれば、いろいろな情報が手に入ります。

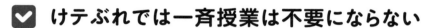

一斉授業を有効に使おう

☑ けテぶれでは一斉授業は不要にならない

　進度と深度の両方に意識が向けられるようになれば、単元のはじめ
から「けテぶれタイム」を開始し、自分で学びを創っていくことも可
能です。しかしこれは「一斉授業の廃止」を意味するわけではありま
せん。学習を進める中で、浅い理解で済ませてしまっていることや、
どうしても子どもたちの力では乗り越えられない問題に出会うことは
あるでしょう。自ら学ぶことを重視するからといって、学習内容をお
ろそかにしてしまえば本末転倒です。そういうタイミングでは積極的
に一斉指導を行うべきです。

☑ クラスの様子に合った必要な発問を

　クラス全体として浅い理解に留まっている状態が見られたら、それ
は一斉指導のチャンスです。クラスの多くの子が自分ごととして捉え
られる「問い」を発することができるからです。僕はこういう問いを「と
れたてほやほやの問い」と言っています。
　たとえば、多くの子が無思考に操作的に問題を解いているときに「と
ころでこれは何でこうするの？」と聞くとドキッとしますよね。子ど
もたちからこういう本質的な問いが出てくることも多くあります。
　子どもたちの思考の文脈から自然に切り出された「問い」には鮮度

があり、多くの子が楽しめる問いであることが多いです。

　クラスの子どもたちの理解の様子をよく観察しながら発問を練り、タイミングを見て全員に対して発問すれば、そこからクラス全体での対話場面を生むことができることもあります。このとき教師はもちろん、その教科の見方考え方を働かせ、その学習をより深めるための問いかけを常に目指すべきであることは言うまでもありません。教材研究が活きるのはここです。

　そういう「深い発問」も、何もかもお膳立てされた単元進行の中の１活動として提示されるのか、基本的に自分で教科の学びを積み上げていく中で出会うのかでは、子どもたちの受け取り方がまったく異なります。深く難しい問いに向き合うには、そこまでの学習過程でいかに学びを自分ごと化できているかが大切なのです。

☑ 単元のはじめに概観する

　単元初期や、中頃に子どもたちが単元の全体構造を見失っているときなどは、単元全体を見渡すためのレクチャーがあっていいでしょう。

　旧来の授業は教科書を１ページずつ丁寧に、というものでしたが、あまり有効だとは思えません。小さなまとまりに分解して一つずつ丁寧に教えることのみだと学習者は全体像を見失うのです。

　ちょうど、美術のデッサンをするときは、はじめに全体像を大まかに捉えます。これをせずに、はじめから細かいところを描きこんでいくと、全体のバランスが崩れるのです。

　学習でも同じく、この単元で学ぶ大まかな知識を最初にまるごと解説しきってしまうという方法はかなり有効です。教科によってはNHK for Schoolなどの動画がとても役に立ちます。

　子どもたちに伝えたいのは「何かを学ぶときは、ざっくりとでも全体像をつかんでおくことが大切」という知識です。

　単元のはじめに大まかな解説を行う際は、こういう方法論的な知識も伝え、自分で学ぶ際に活用できるようにしてあげることが有効です。

けテぶれ会議を開こう

☑ 探究的な思考に大切なのは「答え」

　けテぶれ初期の段階は、学びの型としてのけテぶれを身につけよう
という習得的な意味合いが強いですが、その習得の過程には「よりよ
い学び方とは」という問いに向かう探究的な思考がいつも並走してい
ます。そのために「毎日」取り組める仕組みをつくって、その中でさ
まざまなチャレンジを促し、やってみた自分の感覚を振り返り「けテ
ぶれシート」に蓄積しながら、答えを模索していきます。

　そのとき、「どれがいいかなぁ」とあれこれ試しているばかりでは
いつまで経っても思考は前に進みません。それはあたかも服屋さんに
行って試着を繰り返しているに過ぎないのです。いろいろ試した後は、
「結局何がいいのか」という答えを出す必要があります。けテぶれでも、
いろいろと学び方を試した後は「自分の学び方はこれだ」という答え
を定めるタイミングをつくることが非常に有効です。

　はじめは単純に「けテぶれのコツ」を思いつく限り書いてみよう！
という活動がおすすめです。集まったアイディアを集約して、けテぶ
れ通信として配ったり、それらを整理して、クラスで「ルーブリック
作り」に取り組んだりするといいでしょう。そこから徐々に問いの抽
象度を上げていき、最終的には「なぜ学ぶのか」「努力する意義とは」
といった大きな問いについて思考する場を設定していきます。

✅ 思考は試行との両輪で

　けテぶれ実践の中でこのような探究的な思考を促すときの強みは「徹底的に現実的な実践の場が大量にある」という点です。抽象的なテーマについて考えを深めるためには、そのテーマに関連した実体験を持っていることが大変重要です。その点、けテぶれ実践の中で「学び」について探究的に思考するとき、子どもたちは、けテぶれを合い言葉にした自己学習の実体験を大量に持っています（かつ、それを日々の振り返りの中で、言語化し、蓄積しています）。

　さらに、けテぶれによる自己学習はその先にも続きますので、哲学的に思考する中で見出した「自分なりの答え」を検証するための実践の場が大量に用意されています。自分で出した答えを持っていると、それを基準に新たな探究思考を重ねることができます。そして新たに得たアイディアは「自分の答え」に位置付けたり、更新したりしていくことができる。つまり「自分で自分の問いと答えを磨く」ということができるのです。

　このように「思考」の前と後に大量の「試行」の場を提供することができるのが、けテぶれ実践の中で「学び」についての探究的思考を促すときの最大の強みです。（この流れ全体を P199 で図化しています）

✅ 単元最終の「大分析」直後がおすすめ

　けテぶれがうまくまわり始めると、単元末テストの後の「大分析」の時間が非常に充実した時間になっていきます。自分で考えて自分で積み上げた学習の質を、大テストの結果と併せて考察する時間は、けテぶれ学習において何よりも大切な時間なのです。

　このとき、「学び」に関する子どもたちの思考は最大化しています。よって、この直後に「けテぶれ会議」を開けば、直近の大分析で考えたことをもとに、さらに思考を深めることができるのです。

けテぶれ実践における「守破離」

☑ 守破離はこう進む

「守破離」とは武道などでよく言われる物事を上達していく過程を3段階として表現したものです。

「守」は、師や流派の教え、型、技を忠実に守り、確実に身につける段階。「破」は、他の師や流派の教えについても考え、よいものを取り入れ、心技を発展させる段階。「離」は、一つの流派から離れ、独自の新しいものを生み出し確立させる段階です。

けテぶれの指導にあたっては「守破離」を意識するのがよいと思っています。

守：けテぶれという型を知って反復練習
破：自由度を上げつつ、その中からオリジナルのやり方を見つける
離：経験を振り返り、「学ぶこと」についての思考を深める

☑ 一方通行ではない

「守」はけテぶれの流れをきっちり正しく再生する段階で、本書では「ホップ」に相当します。「破」では型をもとにどんどん自分なりの学び方について探究するために学習環境の自由度を上げていきます。本書では「ステップ」にあたります。けテぶれの指導では、積極的にこの「破」の段階に行かせる方がよいと思っています。

もう「破」に行くだけのアイディアがあるのにいつまでも「守」に押し留められるとおもしろくなくなってきますよね。指導者が「守」に押し留めようとするのは、まだ「守」が不十分で、そのまま「破」に行ってもきっと失敗する、との見立てがあるからだと思います。

　でも、うまくいかなければまた「守」に戻ってくればいいだけですよね。むしろ一度「破」で失敗するからこそ「守」の大切さがわかることも往々にしてあり得ます。

　そして、「守⇄破」を行ったり来たりする学びの過程を振り返り、考えを深める「離」（本書における「ジャンプ」）において、失敗からも成功からも自分の学びに必要な情報を得て、それをまた次のチャレンジにつなげる。けテぶれがもっとも大切にしたいマインドセットの一つです。

　そう考えると「守破離」の流れは一方通行に直線的に進むのではなく、下図のように進行するのではないかと思っています。

守破離の階段

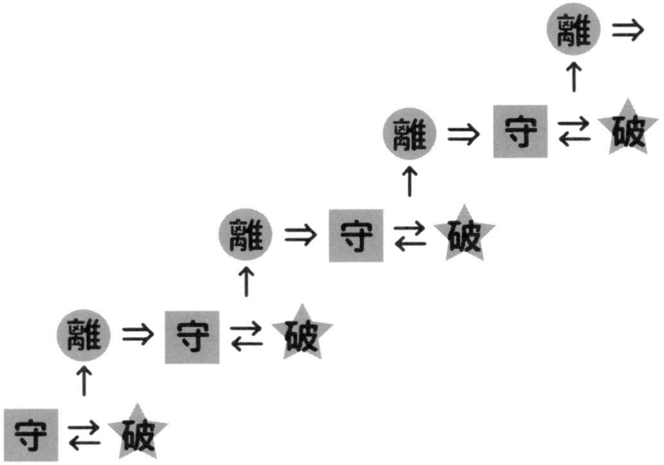

けテぶれ実践の多くの時間は「守⇄破」の時間

☑ 「破」はすぐに行ってもいい。だめだったら「守」に戻る

　「守→破」つまり、「授業時間の一部をけテぶれタイムとする」から「1時間まるごとのけテぶれタイムにチャレンジする」への移行のタイミングは、基本的には「行けそうだったら行く」です。なぜなら、だめだったら戻ってくればいいからです。失敗を恐れてチャレンジしないよりも、思い切ってチャレンジして失敗する方が、学ぶことは多いです。早いクラスなら、けテぶれ導入から1ヵ月足らずで「破」に挑戦できるということも、往々にしてあり得ます。

　本書が想定する守破離の進行は一方通行ではなく「守⇆破」を繰り返し、その中での試行錯誤を省察する中で（離）、自分なりの学習観を育てていくようなイメージです。

　「破」は1時間まるごとのけテぶれタイムを設定できる時間を徐々に増やしていき、最終的には単元の進行は基本的にけテぶれタイムで行うというレベルまで目指していきますが、その過程でめちゃくちゃになってきたり、もしくは安定して取り組んでいるように見えてチャレンジがなく、惰性で取り組むようになってきたりする場合には、「守」に戻って、「けテぶれ」とは一体何をすることだったのかということを再び確認する、という指導は有効だと思います。

☑ 自分で自分をテストする「テ」から崩れていく

　けテぶれタイムを大きくしていく中で、子どもたちがやりがちなミスは、「テ」の軽視です。「テ」とは自分のいまの実力をしっかり見ようとする過程です。これをしっかりしようと思うと、自分に適切な難易度の問題を選び、それに本気で取り組んでみて、結果を分析するということが求められます。この過程は子どもたちにとってとても大変なことです。

　だから、子どもたちに学びを任せているとここがおろそかになっていくのです。結果として分析もできず、自分の必要性とは関係のない形だけの「れ」ばかりの学習。友達とワイワイ問題の出し合いをしているだけ、とか、教科書や動画を見ているだけ、という感じです。**これを放置しておくと、だんだん学習環境がダレてきます。そのときの対処こそ「守」つまり「けテぶれ」に立ち返るということです。**

　立ち返るべき基本の型がある。これがけテぶれのよさの一つです。これがないと、ダレてきたときの対処法は「ちゃんとしろ！」と鼓舞するか、もしくはなすすべを失い自由な学習環境を目指すという試みから撤退するかしかなくなってしまいます。めちゃくちゃになったり、だらけた雰囲気が続けば、けテぶれ「守」の、演習時間に限った、個人のけテぶれ。ここに戻って「学ぶとはどのようなサイクルをまわすことなのか」という学びの基本＝けテぶれを再確認します。

☑ 大切なのは「守⇄破」の回数

　わかったら、やってみる、わからなくなったら、戻って来る。この繰り返しがもっとも大切なのだと思っています。そしてその中で生まれる気づきこそ「自分はこういうことが向いているな」とか「こういうことが好きだな、嫌いだな」という「自分についての感覚」です。こういう感覚が「離→守」つまり、自分なりの型ができ上がるということにつながると思うのです。

けテぶれの1年では「手段・目標・目的」を順番に手渡していく

☑ 自立した学習者に向けて

　教師が目指すのは「教師の援助がいらなくなる状態」です。その状態とは、自分で「目的地」を決め、そのための「目標」を自己設定し、そこに向かって自分に合った努力の「手段」で、（必要に応じて他者と協働しながら）自分で自分を成長させられるような状態です。

　そのためには「目的・目標・手段」を順番に手渡していく必要があります。教育とは子どもたちをそういう状態に持っていこうとする営みだと捉えることもできます。

　けテぶれは自立した学習者を育てるための実践です。では自立した学習者とはどういう学習者でしょうか。「けテぶれが上手にまわせる」は、実はまだ甘いのです。それは「手段」を使いこなしているだけに過ぎません。いくら上手に学べるようになったからといって、「学ぼう」と思えなければ、その子は自ら学び始めることはありません。

　「学ぼう」と思えるには、「学ぶことの意義」について、深く考え、理解し、納得しておく必要がありますし、「自分は何が好きで、どうなりたいのか」という自分の中の深い願いに耳を傾け、「自分なりの目的」を持っていなければ、学びは持続しません。

✅ まず「手段」を手渡す

ここはシンプルに、「けテぶれ」という基本的な学びの型を子どもたちに紹介し、それを使う機会を、漢字、算数と増やしていき、どの子も「けテぶれ」を合い言葉に自分の学習を進められるようになる、ということを目指します。

けテぶれ実践の文脈では至極当たり前のファーストステップですが、子どもたち主体の学びの場を志向する実践に欠けているのはここだと思っています。

学びの世界で自由に自分の学びを動かすためには、「コントローラー（けテぶれ）」を明確に示し、それを使って自分の学びを動かしてみる練習を大量に積み上げ、その中で「自分なりの学び方」を一人ひとりが探究する、といった過程が必要になります。

✅ 次に目標を手渡す

目標が手渡されている状態とは、「自分で自分の目標が設定できる」状態のことです。目標設定は「学習内容」の面と、「学習方法」の面の２方面が考えられます。学習内容の目標設定とは、もっともシンプルにいえば「単元末テストの点数目標を自己設定する」ということです。学習方法についての目標設定とは、たとえば P83 で紹介した図や心マトリクスを使って、自分の学び方の方向性を自己決定でき、自己調整できるという状態です。

これらができるようになるためには、たとえば算数では、自分は単元の学習の中でどのような学習をどの程度積み上げれば、どの程度の点数が取れるのかということについての感覚的な理解が必要です。この理解は、高い自由度の中で自分で学習をしてみて、その結果と共に自分の学習を振り返る中で、徹底的に「自分」に向き合うような過程の中で、徐々に積み上がっていくものです。深い自己理解を前提にしなければ、本質的な目標設定はできないのです。

最後に渡すのが目的。「学ぶ目的」の追究は終わりがない問い

☑ 1年間をかけて「目的」を磨く

　手段、目標、と順に手渡してきて、最後に残るのが「目的」です。つまり「なぜ学ぶのか」という根本的な問いに対する答えです。はじめはその目的を教師が熱を持って語るべきだと書きました。しかし、それは子どもたちに「学ぶ目的」を手渡すための手段に過ぎないという意識もまた忘れずに持っておきたいところです。

　「なぜ学ぶのか」。これに対する答えを子どもたち一人ひとりの中に育めるように。一人ひとりがその答えの原石を自らの学びの中に見つけ、磨き続けられるように。そんな意識で子どもたちの学びに寄り添うことが求められると思います。

　子どもたちの学びを受け持つことが許された1年という期間すべてをかけて目指すべきことだと思っています。なぜ学ぶのか、なぜ生きるのか。こういう問いに対する答えを人生をかけて磨き続けられるようなヒントを一つでも子どもたちの心の中に宿すことができたら…という思いで日々取り組んでいます。

☑ 学校でやるのはどこまで行っても「練習」

　子どもたちには、「この教室を出てからやれないことは、このクラスが終わった瞬間やらなくなります」と言っています。「教室を出て

からが勝負。クラスが終わってからが本番です。身近なところでいえ
ば、休み時間、放課後、土日、家族と過ごしているとき、習い事の時
間。そういう時間に、このクラスでの学びがあなたを支えていますか？
この教室ではそういうレベルのことを身につけてほしいと思って先生
は授業をつくっています」と続けます。この授業中だからできる、先
生がいるからできる、このクラスだからできる。1年間けテぶれを合
い言葉にみんなで努力しますので、必然的にこういう意識は芽生えま
すが、指導者として目指したいのはさらにその先の姿ですよね。

✅ 自分なりの「答え」を手に次の冒険へ

　P189の守破離の図を見直してください。「離」はまた次の「守」へ
とつながっています。ここまで、与えられた手段、与えられた目標、
与えられた目的から、自分なりの手段、自分なりの目標、自分なりの
目的が見つけられるようなプロセスをたどりたい、ということを書いて
きました。これをただの理念で終わらせず、実現していくためには、
P186で紹介したとおり、「自分なりの学び方とは」「自分の目標とは」
「学ぶ目的、自己決定の意義とは」といったこれらの大きな問いに対
する答えを徹底的に言語化していく必要があります。

　自分なりの学び方、学びの目的、そんな大きな問いに対して「何と
なく見えてきたかな？」で終わらせず、「見えてきた"ソレ"は何 !?」
と追究し、言葉にしていくからこそ、学年・学級が終わっても"学び"
が連続していくのです。

　前ページで「けテぶれができるようになった」というだけでは甘い、
と述べたのは、ここまで見ているからです。

　このような学びを1年でクラス全員に宿さなければならない、ので
はなく、「自立した学習者を育てる」という目的で指導をするなら、
指導者としてその全体像を把握しておきたい、という感覚です。

自己省察的な学びに関する注意点

☑ 自分を知る

　これまで述べてきたようにけテぶれ的思考サイクルを徹底的にまわす中で子どもたちは、深く深く「自分」と対話することになります。こうして「自分」について詳しくなることは、子どもたちの人生において非常に大切だと思っています。

　人生とは「自分」が歩むものです。そのとき「自分」について知らないまま社会に出るとは、船の形も大きさも操縦方法も知らないまま大海原に漕ぎ出すようなものです。当然その航海には「目的」もありません。そんな船はただ潮の流れに流され、誰かに「目的」を押しつけられ、大海原をたださまようだけです。こんな人生がよいとは決して思えません。しかし「はじめに」で述べたとおり、いまの教育は子どもたちにこのような人生を歩ませてしまう危険性を多くはらんでいます。

　僕は「学校で得られるもっとも大切な情報は自分自身についての情報である」と言っています。子どもたちに学びのコントローラーを渡し、けテぶれ的思考サイクルを徹底的にまわさせようとするのも、究極的にはこの「自分についての情報」を集めるためといっても過言ではありません。自分は何が好きで何が嫌いなのか、何が得意で何が苦手なのか、そんな自分は1年間の努力の中でどう変化したか、その変化はどんなことをすることによって起こったか、自分のコアはどこに

あるか。こういう「自分についての学び」は、「徹底的な自由の中で自分で自分を管理」しようとし、その努力を深く振り返る中にしか、生まれません。自分で考えて、自分で動いて、結果を自分で受け取るからこそ、「自分」がわかってくるのです。

　子どもたちの外側にある「正解」を正しく飲み込ませようとするだけではなく、子どもたちの内側にある「自分」を豊かに見つけさせてあげようとする学びは、子どもたちの一生を支えるために大切だと思うのです。

☑ 自分は自分であることが　　もっとも素晴らしいのだと納得する

　ただし、この自己省察というのは諸刃の剣でもあります。とくに学習努力のための自己省察となると、どうしても「自分の弱点を見つけて克服する」という発想になりがちです。それ自体悪いことではないのですが、これだけの発想で自己省察をやり続けると、自分の悪いところばかりに目が行くようになり、非常に苦しくなってきます。

　努力とは自己否定を乗り越えてその先に新たな自己を発見しようとする営みです。安易に自己改善、努力、成長ということだけを強調してしまえば、子どもたちは自分で自分を壊し続けてしまうことになりかねません。

　だからこそ、子どもたちに「努力」を求める指導者は、あなたはあなたであることがもっとも素晴らしい、というメッセージを繰り返し送り続けることが大切だと考えています。ただでさえ素晴らしいあなたが努力するのだから、どう転んでもさらに素晴らしくなるしかないね！　という意識です。努力の過程では、自分の弱点だけでなく、うまくいったこと、成長したことにも必ず目を向けさせてあげましょう。

　「自己改善的思考」と「自己肯定的思考」が両輪となり、車軸には「深い自己理解」が貫かれることではじめて、子どもたちは「自分の人生」を自分の車輪で強く豊かに進むことができるのではないでしょうか。

けテぶれの限界と、もう一つの武器QNKS

☑ けテぶれの提案と限界

　本書はここまで、いかに子どもたちに学びのコントローラーを手渡し、子どもたち主体の学びの場の中で「自立した学習者」になるための資質能力を培っていくかという方法について紹介してきました。

　しかしそれは「何もかも子どもたちに任せて、子どもたちにやらせよう」という提案ではないことに注意してください。「子どもたちに任せられることはしっかり任せてあげましょう」＋「任せるのならそれだけの準備をし、環境を整え、任せる中で深い学びを生みましょう」という提案です。そのためには一斉授業も必要不可欠です。

　けテぶれは、ある程度学習内容について理解した上で、その理解を自分の中に定着させようとするときに効力を発揮するものです。だから、授業のはじめに学習内容についてレクチャーをしたり、単元のはじめに全体を見渡したり、教科の見方・考え方を働かせて学びを深めようとするような学習では、教師による一斉授業が必要になります。

　「任せるなら、その方法とそれを習得するための環境を」と考えたとき、けテぶれでは、「自分でやってみる」という方法と環境については用意できますが、それ以前の教科書を読んで「自分で新たな概念や知識を得る」という方法までは提示できていないのです。つまり「けテぶれ」の一本槍では完全な自由進度学習には到達できません。

☑ もう一つの武器QNKS

　教科書を読む、さらには、単元全体の主発問レベルの、教科の見方・考え方を働かせた深い問いについて考える。こういう領域に通用するコントローラーはないか。そう考えてつくり出したのが「QNKS（"問い"を捕まえ、情報を"抜き出し"、関係性に基づいて"組み立て"、他者に伝わるように"整理する"）」という概念です。

　本書ではこれについて説明する余裕はありませんが、僕の実践の全体像を説明するときには、避けては通れない部分です。この概念を基盤とすることで、子どもたちは教科書を読んだり、問いを基に自分の思考を深めて文章にしたり、といったことを自分の力でできるようになっていきます。まずQNKSで読み、けテぶれでやってみて、QNKSで振り返り、そこで考えたことを、けテぶれでやってみる、というような流れになります。「やってみよう！ QNKS思考法」と検索すると、QNKSに関する情報がまとまったサイトを見られます。

けテぶれ×QNKS

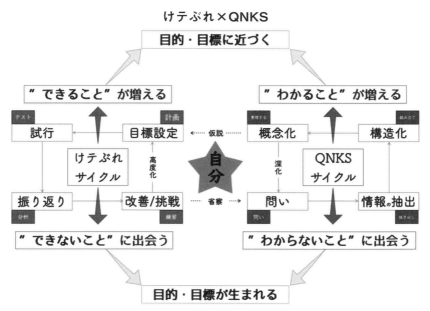

おわりに
本書で提案する学びのあり方
～自学、自由、自分、自在、自信、自然～

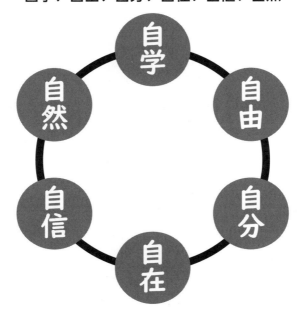

○自学→自由→自分

　けテぶれで子どもたちがチャレンジするのは「**自学**」です。それは学校の先生に「１ページは必ずやりなさい」と丸投げされて、とりあえずページを埋めることを目的にやる"作業"ではありません。やるべきことと、自分の状態を常に意識しながら、方法を工夫し、"**自分**で自分を動かす**学習**"のことです。

　そこには全面的な"**自由**"が必要です。自由な空間でしか、自己選択、自己決定を積み上げることはできません。目標のためなら、何をどこでどのように学んでもいい。こんな空間で子どもたちが出会うのが「自分自身」です。誰にも指示されない空間で選択した行動の結果はすべて自分の責任として受け取らざるを得ません。「だって先生が嫌だから」「だって無理やりやらされたから」「だって他の方法がいいと思っていたから」

とか、そんな言い訳は"全面的に自由な空間"では一切通用しません。そういう状況で初めて子どもたちは「自分」というものに向かい合わざるを得なくなるのです。子どもたちのあり方に深く根付く成長はこうして「いまの自分」としっかり向き合うことからはじまります。

　「自由な空間」とは、一見キラキラして楽しげに聞こえます。実際に子どもたちも、はじめは戸惑うことがあっても、すぐに自由な空間を楽しみだします。しかしその楽しさは、いままでの管理的な環境からの開放感からくる楽しさであって、学ぶことそのものを楽しめているわけではないことが多いです。何をやってもいい自由な空間とは、自分と向き合い、自分で考え、自分で行動しなければ何も起こらないとても厳しい空間なのです。友達とダラダラとしゃべるという選択も、ひたすら寝ているだけという選択も許容されてしまう。どんな選択もできてしまうからこそ、自分で自分を管理する必要性を感じることができるのです。そして、自分とは異なる選択をした友達の姿を目の当たりにするからこそ、行動の価値を客観的に知ることができるのです。

　こういう環境の中で自己選択を繰り返し、その結果を振り返るという経験を大量に積み重ねることで、子どもたちは日々、**自分**は、何をしているときが楽しくて、何をしているときはつまらないのか。〇〇の行動をするとどんな気持ちになるか。□□の気持ちでいるためにはどんな行動をしていればいいのか、実際にその行動を取り続けるためにはどうすればいいのか、ということを思考し続け、自分についての情報と自分を操るための方法についての情報を大量に得ていきます。

○**自在→自信→自然**
　自分についての情報がたくさん集まれば、そこに「好き嫌い」が現れてきます。つまり、こうしているときの自分は好き、こんな状態の自分は嫌いという感覚です。これは物事の得手不得手とはまた別の感覚です。〇〇は苦手だけど、苦手に向かい合う自分は好き、という感覚ってありますよね。「対象についての感覚」をたくさん集めることで、

「対象について特定の感覚を抱いている自分についての感覚」を感じることができるようになるのです。これが「自分はこうありたい」という"自分のあり方についての軸"をつくることになります。「こういう状態でいるときの自分が好き。だからいつもこうありたい」という感覚ですね。

　自分のあり方についての軸ができてくれば、自分の選択や行動について深い**自信**と謙虚さを持つことができます。誰かが言ったから…とか、これをすればどう思われるかわからないから…といった他人軸の生き方ではなく、自分はこうありたいからこうする。という自分軸の生き方ができるようになるのです。そのあり方は、決して独りよがりでなく、頭でっかちな理想論でもなく、徹底的に自分の経験から紡ぎ出したという自信。だからこそそのあり方は固定的なものではなく、今後の経験で更新していけるものでもあるという感覚。その感覚を持っているからこそ他者の生き方も尊重し、そこに学ぶべきことを見出すことができる。真に自立にした姿とは、このような強さとしなやかさが両立した姿のことを言うのだと思います。

　こうなったとき、子どもたちは真に「**自然な姿**」を見せてくれるようになります。そうです。こうして自分のあり方に基づいて生きるというのは、人として自然な姿だと思うのです。それが過度に管理的な環境で、自分の外側にある正解を押し付けられ続けることで、自分を見失い、自信を失い、不自然な姿となってしまっている。僕にはそう見えるのです。けテぶれによる「**自学**」が本当に目指したいのは、そして「目指せる」のはこういう姿です。"やるべきこと"に押しつぶされるのではなく、かといって、完全に背を向けてしまうのでもなく、"やるべきことに正面から、正しく向かい合うこと"で、"自分がありたい姿"を見出してほしい。そういう確固たる自信としなやかな心を持って、どこにも変な力が入っていない"**自然**な自分"と出会ってほしい。けテぶれの真の願いはここにあったりします。

○「たかがテストのための勉強」から生み出せる、深く大きな学び

　人は本来、新たな学びを求める生き物です。自然な姿になった子ど
もたちは、自然に学び始めます。つまり**「自学」**、はじめに戻って円
環するわけです。でもこのときの「自学」は１周目とは雰囲気が違い
ます。同じ場所だけれど１段レベルアップしている。子どもたちの学
びはこのように螺旋状に上昇するのです。その先も少し見てみましょ
う。「自学」の次は**「自由」**ですね。２周目の自由。子どもたちはここ
で何でもかんでもやりたい放題の浅はかな自由ではない、「本当の自
由」を受け取ることができ、その中でないものねだりに振り回されな
い「本当の自分、本来の**あり方**」を更新し続けることができるのです。

　３学期には時間割を子どもたちで決めたり、「何をしていてもいい
１時間」をつくってその中で、おしゃべりをしたり、勉強をしたり、
読書をしたりしながら、クラス全員で"豊かな時間"を過ごす。とい
うことにチャレンジしてみます。体育館でも同じことをやってみると、
ボールを出して来たり、フラフープで遊んだり、遊びの種類によって
メンバーが有機的に移り変わったり、とても豊かな時間をクラス全員
が過ごすことができました。本当の自由を受け取るとはこういうこと
ではないでしょうか。自分のあり方に**自信**を持って、**自然**に過ごせる
子どもたちだからこそ、こういう時間を過ごすことができ、その中で
また新たな自分を発見し続けられるのだと思います。

　けテぶれを合言葉に全面的に自由な空間で、子どもたちが自分に向
かい合い、自然に響き合う教室では、こういう円環があるのです。

　子どもたちと一緒にけテぶれを頑張ろうと思っているサポーターの
みなさま、日々子どもたちとけテぶれに取り組むとき、頭のどこかで
この**「自学→自由→自分→自在→自信→自然」**というサイクルを意識
しておいてください。「たかがテストのための勉強」からここまでの
学びを生み出すことが可能である、ということを。

○明治から150年変わらない日本の教育環境が生む問題

　一方、現実の世界に目をやるとこういうサイクルとはかけ離れた状態にあることがわかります。小さい頃、好奇心に満ち溢れ、身の回りのこと、世の中のことが知りたくてたまらなかった子どもたちの多くは、義務教育が終了する頃にはなぜか勉強が嫌いになっています。学校には子どもたちが学ぶことを嫌いになる仕組みがあるのでは、と疑ってしまうような事態です。

　学校の内情を見ればその疑いはさらに強まります。学ぶことの目的は「ワークシートに文字を埋めること」「黒板をきれいに書き写すこと」、もっとひどいときには「先生の指示に黙って従うこと」といったところまで矮小化され、日々、学校で子どもたちはやらされている行動の意味を考える隙もなく、矢継ぎ早に出される指示にただ従がって行動することだけを求められている、というケースが多く見受けられます。その行動に疑問をいだいたり、反発したりすれば厳しく叱責され、周りからの同調圧力がかけられる。そんな中でどうやって学びを楽しむことができるのでしょうか。

　さらにこういう構造は「子どもたちに学ぶことを嫌いにさせる」という結果を生むだけに留まりません。これだけでも日本社会にとっては大きな痛手のハズですが、これはさらに大きな問題もはらんでいます。その問題の発生源は「学校生活で、自分で考えて自分で行動する機会が皆無である」という点にあります。前述したとおり、多くの学校で日々行われている教育活動の底流に流れる意識は「指示どおりに動け」というものです。確かに、教育活動とは突き詰めれば子どもたちを指示どおりに動かすことでしか成り立たない、というのもまた事実です。しかし、その指示の目的があまりも近視眼的かつ独善的である場合が多い。別の言い方をすると「子どもたちを管理するための指示」なのです。「子どもたちを成長させるための指示」になっていない。そこに問題があると思っています。

　そんな環境で管理され、自分で選ぶという経験をさせてもらえない子

どもたちは、「自分」についてまったく知らないまま成長してしまいます。「自分で選ぶ」という行為を成立させるためには「自分」についての情報が非常に大切なのです。自分は何が好きで何が嫌いか、何が得意で何が苦手か。そんな自分についての情報がなければ、自分の行動を自分で決めるということはできません。そしてそんな自分についての情報は、管理的でない自由な空間で、自分で選んで自分で行動するという経験を通してしか集めることができないのです。これは前述したとおりですね。

　そういうことをさせてもらえず「自分」について何も知らない子どもたちは、高校進学時に突然、「自己選択」を迫られます。でもその判断材料である「自分についての情報」は持っていない。その結果、子どもたちは「みんながいいと言っている高校」「友達が行く高校」「自分の学力で到達できる高校」（学力という自分についての情報だけはテストで示されている）といった選択しかできません。「自分がやりたいこと」という積極的な理由ではなく「みんなが行く」といった他人軸の理由や「自分が行けるところ」といった消極的な理由でしか選べないのです。その構造は大学受験時にも再生されます。

　そして大学生活ではこれまでの環境とは比べ物にならないほど大きな「自由」が手渡されます。この「自由」の受け取り方に失敗するのです。いままでずっと「管理」されていた子どもたちに突然自由を手渡しても、その状況をうまく操ることはできません。なぜなら自由な空間で動かすべき「自分」についての情報がないからです。その結果、学生生活を無為にしてしまう学生が多く現れてしまいます。享楽的、もしくは近視眼的な行動しか選択しないまま学生時代を過ごすことの問題は就職活動時に顕在化します。

　行きたい企業がない。やりたいことがわからない。得意なことがない。そんな学生はまた、なんとなく良い企業、とりあえず自分を拾ってくれる企業という理由でしか就職活動を行うことができません。そして面接ではその面接官が求める"イイコト"を言う、という他人軸の受け答えをし…と、このループは無限に繰り返されていきます。

○両輪

　さて話を戻しましょう。このループの起点はどこでしょうか。"小学校"には、このループをつくる原因はないのでしょうか。ここから思考をはじめなければならないと思います。ここから変えなければならないのだと思います。「管理」から「自由」へ。「先生が教える」から「子どもが学ぶ」へ。「自分の外側の正解を飲み込む」から「自分の内側の感覚を紡ぎ出す」へ。そして両極を見た上で、それらを両立させなければなりません。「管理」だけでは豊かな学びが生み出されないのと同様に、「自由」だけでもだめなのです。

　いかに「自由と管理」を両輪とできるか。「先生が教えると、子どもが学ぶ」、「正しい理解と、自分の解釈」。これらを両輪とするためには何が必要か。思考し、試行し続けなければなりません。僕はこのような問題意識から、毎年子どもたちと一緒に、徹底的に試行錯誤を繰り返し、問いと答えを更新し続けてきました。

　本書では、よりよい学びの場を常に「志向」し、「思考」と「試行」を無限に繰り返した末にたどり着いた、僕なりの、僕と子どもたちなりの、一つの解を示します。

　本書の内容が、これを手に取って読んでいただけている読者のみなさまの「思考」と「試行」と「志向」の一助のなることを祈っています。

2023 年 2 月　吉日　葛原祥太

● 著者紹介

葛原 祥太（くずはら　しょうた）

兵庫県の公立小学校教員。1987年、大阪府生まれ。同志社大学を卒業後、兵庫教育大学大学院を修了し、現職に就く。2019年に刊行した『「けてぶれ」宿題革命!』（学陽書房）は、発売後即重版。教師向け教育書としては異例の２万部を売り上げ、今なお重版がかかり続けている。2020年には朝の情報番組「ノンストップ！」で取り上げられ、話題になる。全国で「けてぶれ」に取り組む学校が急増しており、ボトムアップでの教育改革に取り組んでいる。Twitterでは「けてぶれ」以外にもオリジナルのアイデアを多く発信している。Twitterのフォロワー数は約18,000人。近著に『マンガでわかる　けてぶれ学習法』（角川書店）がある。

「けてぶれ」授業革命！
子ども自身が学びを進める授業のつくりかた

2023年3月9日　初版発行
2024年2月7日　3刷発行

著　者　　葛原 祥太
　　　　くずはらしょうた
発行者　　佐久間重嘉
発行所　　学 陽 書 房

〒102-0072　東京都千代田区飯田橋1-9-3
営業部／電話 03-3261-1111　FAX 03-5211-3300
編集部／電話 03-3261-1112
http://www.gakuyo.co.jp/

ブックデザイン／能勢明日香
イラスト／おしろゆうこ
DTP制作・印刷／精文堂印刷
製本／東京美術紙工

好評の既行！

「けテぶれ」宿題革命！

葛原祥太　著

A5判・並製・148ページ　定価1980円（10％税込）

子どもが自分でどんどん学び出し、「学び方」についての学びを大量に生み出す！ 宿題で子ども自身が学びの PDCA を回し、"自分なりの学び方"を獲得していく「けテぶれ学習法」の進め方がわかる！